07

出版行思录

刘伯根 著

编辑出版论谭

人民出版社

◇ 本卷说明 ◇

  本卷《编辑出版论谭》是作者曾经出版过的原名专著，初版于2005年。论述了编辑出版的基本理念、基本概念、基本流程，讨论了出版物质量、出版者素质要求和出版机构组织形式，着重讨论了百科全书等工具书编纂的基本理论与方式方法。此次再版，基本保持原貌，只对诸如法规修订时间等做了极少的修订。

编辑出版论谭

刘伯根　著

中国大百科全书出版社

原版封面书影

总编辑：徐惟诚　　社长：田胜立

图书在版编目（CIP）数据

编辑出版论谭/刘伯根著 . —北京：中国大百科全书出版社，2005.11

ISBN 7 - 5000 - 7395 - X

Ⅰ. 编…　Ⅱ. 刘…　Ⅲ. 编辑工作：出版工作—研究
Ⅳ. G232

中国版本图书馆 CIP 数据核字（2005）第 129419 号

策划编辑：马汝军　王玉玲
责任编辑：王玉玲
封面设计：翟大闽

中国大百科全书出版社出版发行
（北京阜成门北大街 17 号　邮政编码：100037　电话：010 - 68315609）
http：//www. ecph. com. cn
新华书店经销
北京怀柔红螺福利印刷厂印刷
开本：880×1230　印张：10.375　字数：229 千字
2005 年 11 月第 1 版　2005 年 11 月第 1 次印刷
印数：1～3000 册
ISBN 7 - 5000 - 7395 - X/Z · 190
定价：26.00 元

序

徐惟诚

出版工作在我的心目中从来就是一项神圣的事业。

说"从来",就是从我开始认字并且略略懂事以来。

那时候,不仅是听大人在说到某件比较郑重的事时,往往以"书上如何如何说"为据,而且自己也从不多的书本中看到了我所不知道的世界,看到了值得崇敬的人物,知道了许多有趣的故事,明白了若干至今仍然对我有用的道理。在我的心目中,书就是神圣的。后来,稍微长大一点,才知道书也是人做出来的。那"做书"当然就是神圣的事业了。

如今,我自己也已经是从事"做书"的出版工作者了。出版工作在我的日常生活中已经分解为各种具体的事务。但是我仍然认为出版工作是神圣的事业。

试想一下,如果没有出版,人类的文明、人类的知识,如何积累?如何传播?如何分享?如何交流?正是出版,为亿万人创造了可以站到巨人的肩头去攀登新的高峰的条件。近一千年来人类的飞速进步远胜过去的百万年,出版的功劳是不可磨灭的。

　　当然，作为一个出版工作者，也能看到并不是所有的出版物都能帮助读者站到巨人肩上或者至少做到"开卷有益"的。有的出版物也能诱人走上歧途或误入陷阱。在每年出书品种接近20万种的条件下，要求做每一本书都当作神圣的事业来做，是不切实际的。但至少我们应当有一批把出版当作神圣事业来做的人。这样，出版事业才有希望，民族才有希望。这样的人可能需要具备很多条件。最低限度的一条应当是认真。刘伯根同志就是一位认真的出版工作者。他的这一本《编辑出版论谭》就是认真做出版工作的结晶，也是他认真做出版工作尤其是认真做百科全书出版工作的证明。

　　我和伯根同志相交十年。这十年的接触主要都同百科全书的编辑出版工作有关。伯根同志给人的突出印象是勤奋、好学、有主见、负责任等等，但是最突出的还是认真，或者叫做较真，甚至有人说他喜欢抬杠。无论什么问题，不管是谁提出来的主张，只要征求他的意见，他就一定细细地想，把每一个能想到的细节都想一遍，然后把他认为不可行的、有疑问的地方一一提出，而且还要反复揣量，决不肯轻易放过。当然他是一个办事的人，是一个务求把实事努力办成功的人。所以，他的这种较真，这种抬杠，也完全是为了把事情办得更好、更完美，而决不是使事情办不成。这样的较真、抬杠，实在是一种可爱的品质，尤其对于编辑百科全书更是一种可贵的品质。

　　大型的综合百科全书是一种重要的工具书。它的内容包含人类知识的总和。它的编辑要求准确无误而又简要明确，还要尽可能为读者提供检索的便利。这是一个很高的要求。编辑当然不可能做到全知全能、百事通晓。做出来的产品都要尽可能地完美。涉及的学科如此之多，成千上万个专家学者语言文字上的不同习惯在一部大书中如何做到表述一致，地名、人名、年代、计量如何规范，设条的取舍，文字的繁简，条目之间的互相衔接，都要求编辑的功力，更考验着编辑的作风。伯根同志在长期的百科全书编辑工作中，不断地用心探索，在极其复杂的现象中寻找规律，积累经验，总结成操作的规范，反映了他细致入微、讲求质量的责任感。他的经验，他的体会，是出版工作中的一份宝贵财富。现在把他的成果结集出版，我认为是有益的。

出版工作常被人认为"为人作嫁"，好像只是把一些现成的东西归类、排版的简单劳动。其实真要做好出版工作，多出于民族、社会有益的好书，不倾注心血是做不到的。我们的民族正在振兴，中国的出版业应当有更新的辉煌。许多新生力量正源源不断地加入到这个伟大事业中来。杰出出版工作者的涌现是时代的呼唤。这一切都离不开扎扎实实的工作。借伯根同志《编辑出版论谭》出版之机，写下我的这一点期望。是为序。

2005 年 11 月 21 日

目　录

出版概论

一、出版

(一) 狭义和广义的出版

出版是将作品编辑加工后，用印刷等形式复制在一定的物质载体上，构成特定形式的出版物，通过出售等发行方式，向公众传播信息、知识、文化、思想的一种生产活动。

此乃广义的出版，包括编辑出版、印刷复制、发行三大过程。中国的出版统计则还包含出版物资部门。

狭义的出版，即编辑出版，包括选题、审稿、加工、校对、设计等环节。

在上述定义中，作品是指通过作者的创作活动产生的，具有文学、艺术或科学价值，而以一定物质形式表现出来的一切智力成果。作品应具有独创性、可复制性。著作权法中将作品分为文学作品等 12 类，其中多数与出版有关。

但是，能出版的作品不一定是受著作权法保护的作品，例如政府法律、广告、普通数表、历法、公式、时事新闻。这些作品不受著作权法保护，理论上讲谁都可以出版，只是政府有出版分工的限制，只限某些出版社出版。

编辑加工是作品在出版之前通常要经过的程序，也就是说，作品通常要经过编辑加工才能出版。

就作品的复制形式而言，过去主要是临摹、拓印、印制，现在还包括复印、录音、录像、翻录、翻拍等。

但是，印刷复制的不一定就是出版物，比如钱币、票据等。

出版物通常分为印刷品和非印刷品两大类。印刷品包括图书（中国的统计又分为书籍、图片、课本）、期刊、报纸，非印刷品包括电子出版物、音像制品、网络作品。

作品总是需要一定的物质载体。就出版物而言，其物质载体可以是物理的，如简、帛；化学的，如纸张；电磁的、光学的，如磁带、缩微胶卷、光盘等。有些作品载体特殊，是可以发表但不可出版的，例如舞蹈作品的载体是人（人通过表演来再现、复制作品），美术作品中雕塑、建筑本身就是载体（摄制下来可出版）。

出售等发行（分配 distribution）方式意味着，除出售外，还有免费赠送、张贴、出租的发行方式，与此对应的都是出版物。而表演、展览的作品不是采取发行方式，因而不是出版物。

出版传播的内容有 4 个层次，即：信息（如股市信息表——人们只是从中获得即时信息）、知识、文化、思想。

出版过去被说成是一种"社会活动"。现在我们说它是生产活动，既是物质产品的生产，又是精神产品的生产。

我们认为，出版是人类的经济、政治、科学、文化发展到一定阶段的产物，它反过来又促进了人类文明的传播和发展。在印刷术发明以前，书籍主要靠人工书写流传。印刷术发明后（7世纪唐代出现雕版印刷术，11世纪宋代毕昇发明活字印刷术），开始版印图书，乃有"出版"概念。随着现代科技的进步，出版正在向多媒体、网络化发展，其对人类生活的影响越来越大。出版业被誉为"朝阳产业"，是信息产业的重要组成部分，也是国民经济的重要部门，其发展空间十分巨大。

发达国家经验表明，人均GDP达到800美元以上时，包括出版在内的文化产业和文化消费将迅速增长。我国目前已进入这样的阶段。

（二）出版机构

出版机构通常指出版社，尤其是图书出版社。但实际上，出版机构除图书、音像、电子出版社外，还包括：杂志社、报社，印刷企业，录制、复制企业，发行机构（发行所、书店），出版中介机构（如著作权代理机构），出版教育研究机构，以及出版行政管理机构。这些机构构成了整个出版业。

我国目前对出版社、杂志社、报社、印刷复制企业，实行"准入制"而非"登记制"。我国加入WTO后，发行机构逐步放开，但出版单位并不放开。对出版集团而言，它可以通过其下属的经营机构，从国有资本中融资。

（三）出版人员

广义地说，出版人员包括所有出版机构的从业人员。狭义地说，出版人员通常是指出版社、杂志社和报社的工作人员。在当今社会，出版人员面临新的挑战，包括角色多样化，分工相对来说更专、更细；需要直接参与知识创新和信息传递，在参与策划选题和市场营销方面主观性更强；需要直接从事商品的生产过程；需要承担更多的社会责任，比如新闻界对恐怖事件、环保状况、战争情况的报道，出版界也会有所策应、有所反应。

二、出版物

出版物是出版工作的成果和产品，是记录有文字、图像、声音或其他符号的、可供传播的特定的物质载体，是传播和积累思想、文化、知识、信息的重要媒体。

（一）出版物的性质与功能

出版物具有精神产品和物质产品的双重属性，具有文化和商品的双重属性。它的物质属性主要是为了体现精神属性。物质是工具，精神是本质。

出版物消费首先是文化消费，它具有获得信息、增长知识、提高文化水平、交流思想的作用。它具有商品的基本属性——即也具有价值和使用价值（有用性），却又与食品、家电等商品不同，能够"重复消费"（多人、多次）。

不是所有的出版物都是商品。没有向公众有偿传播的出版物（如一些无偿赠送、张贴的出版物）不是商品。

出版物的功能主要有宣传教育、传播交流、积累、表现 4 个方面。①宣传教育。这是对现实存在的市场而言的。授、受双方主观能动地传播和获取思想、文化、知识。②传播交流。这是对现实的或创造的市场而言的。出版方是主观能动的，读者是自愿选择的。③积累。即不一定面向所有读者，甚至只面向少数个人和图书馆机构。如"传世藏书""20 世纪中国学术大典"等大型典籍，仅供研究、典藏、积累。④表现。有些出版物主要是为了表现作者个人的情趣、个性，当然也期望获得读者的注意和认可。以上 4 种功能往往是交织的，主要还是前两种功能。

（二）出版物的类型特征

出版物可按不同的方法分为不同的类型。

按作品加工特征，可分为原著、编著、译著、编辑作品，以及非著作权利作品，如法规、公式、数表。

按作品内容，可分为社科、科技、文艺、文教等类型；中国的图书编号，就是根据内容将出版物分为：A. 马列主义毛泽东思想，B. 哲学……Z 等共 22 类。

按读者对象和用途（书店通常这样分类），可分为一般成人读物、青少年读物、儿童读物、妇女读物、老龄读物，以及课本、专著、工具书、生活用书、考试用书、大众读物、畅销书等等。

按制作方式，可分为写本、印刷物、复制品。

按出版频率，可分为不定期读物，如图书、磁带、光盘；定期读物，如报纸、期刊。

按复制方式和载体特征，可分为纸介质、磁介质、光电介质的读物。

（1）图书。按统计对象分为书籍、课本、图片（中国的现状）；按装订形式分为精装（普通精装、软精装、豪华精装）书和平装书；按开本分为16开本、32开本……异形开本（开本的划分在中国有国家标准，而国际上则异形开本很多）;按版本分为本版书、外版书，初版书、再版书以及修订本、增订本、增补本等等。这里有个重印率和再版率的问题。重印率反映图书的短期需求情况，再版率反映图书内容的演进和长久生命力。通常将重印率和再版率合起来统计,如2002年我国出版图书17万种,其中新书9万种,重印再版率为41％。

（2）期刊。期刊可按频率分为日刊、周二刊、周刊、半月刊、月刊、双月刊、季刊、年刊（如年鉴。中国因为刊号紧张，有的年鉴是以书号出版的）。按内容可分为期刊（periodical）、学术性刊物（journal）、大众杂志（magazine）。

（3）报纸。狭义的出版不包括报纸出版，报纸与广播、电视通常归属于新闻范畴。但在出版管理部门的统计中，出版物数量指标是包括报纸的，而经济指标（如利润）则不包括报纸。

（4）电子出版物。电子出版物是以数字代码方式，将图书、文字、声音、影像等信息编辑加工后，存储在磁、光、电介质上，通过计算机或专门的阅读器（如 E-book）读取使用的出版物。电子出版物的类型包括 FD（软磁盘）、CD-ROM（只读光盘）、CD-I（交互式光盘）、Photo-CD（照片光盘）、DVD-ROM（高密度只读光盘）、IC-Card（智能卡）等。

电子出版物的主要特征是储存信息量大，占用空间小。如《中国大百科全书》第一版，共有 1.26 亿字，其图书凡 74 卷，合起来厚达 3.2 米，做成电子出版物，1 张光盘就够了。电子出版物可进行人机交流，但需借助辅助设备阅读。现在有了便携式的电子书、电子辞典，阅读起来更加方便。

（5）音像制品。音像制品是以模拟或数字代码方式，将图书、文字、声音、影像等信息编辑加工后，存储在磁、光、电介质上，通过录音机、录像机、电唱机、CD 机、DVD 机等专用设备听取或观赏的出版物。音像制品的类型包括 AT（录音带）、CD（激光唱盘）、LD（大碟）、DVD-A（高密度唱盘）、VT（录像带）、VCD（激光视盘）、DVD-V（高密度视盘）等。

音像制品的特征是需要借助专用设备听、视；只能被动欣赏，人机不能交流。

（6）缩微出版物。缩微出版物是将印刷型文献等高密度地缩摄在胶卷上的出版物，主要用于复制存储珍贵文献资料。在我国作为出版物出版发行的较少。

（7）网络出版物。网络出版物是以数字形式，将各种信息存储在光、磁等介质上，通过计算机网络高速传播，并通过计算机或其他上网设备阅读使用的出版物。

网络出版物的主要特征是开放性，属于开放式的电子出版物。通常说的电子出版物则是封闭式的。网络出版物的编、印、发工作和阅读过程都是在网络上进行的，信息多元，迅速、便利。

（三）出版物的构成要件

（1）正文。正文是表现作品的主要内容。其结构,通常分为篇、章、节，小的有条、款、项，大的有套、部、编（篇）等。工具书的正文通常由字目、词目、条目组成。

（2）辅文。分为三类。第一类是说明性辅文，包括说明（编辑说明、出版说明），提要（内容简介），凡例，序言（前言、自序、代序、他序、译序），后记（跋），注释。第二类是参考性辅文，包括附录、参考书目、参考文献、勘误表。第三类是检索性辅文，包括目录（界面）、索引、书眉、检标（书标）、封皮（包括封面、封底、书脊，带面、盘面、盒面、盒脊）上的检索序号和文字等。

（3）标识。出版物的标识通常记录在版权页上,也反映在封面、封底、带面、盘面上。版权页的著录方式和内容有国家标准规定。

标识的内容包括：①书名，含副题、汉语拼音、英文；②作者，包括著、编、译、校注者；③出版工作人员，包括策划、责编、责校、责装、设计，乃至主任、总编、社长（出版权利人）；④卷次、册次、版次、印次；⑤出版者、印刷者、发行者及其标识、地点、时间；⑥开本、印张、字数；⑦书号、刊号（报纸、期刊）、版号（电子出版物、音像制品），以及相应的条码、在版编目；⑧定价；⑨发行方式；⑩外版原著的版本说明；⑪其他必要的内容。

（4）包装。出版物的包装包括：封面（四封），护封、腰封，函套、盘、盒，书箱、书架，等等。

（四）出版物的计量

出版物的计量单位有种、部、套、期、卷、册、盒、张、页、面、盘，等等。最重要的计量单位是种。通常，一"种"出版物意味着一个名称、同一版次、同一装帧（开本）、同一定价、同一书号（或版号）。若其他不变而仅仅改变定价，仍可使用一个书号、版号，而只在原有条形码后增加后缀，统计时仍作为一种对待。我们说我国每年出书 15 万种、20 万种，就是从这个意义上说的。

三、出版要素

出版要素包括作者、作品、出版者、编辑（人员）和读者。

（一）作者：文化创造的主体和著作权主体

在古代，作、编一体，编撰、编纂、编修具有双重含义。

在现代，作、编二者分离，分工协作，互相依存，互相制约。在当代，由于出版技术手段特别是电子计算机处理技术和网络出版物的发展，作、编二者又有融合的趋势，写作、编辑、出版、传播、阅读几乎可以同时进行，这也给出版管理和监督带来了难度。

作者是精神生产的主体，在与编者的关系中处于主导地位。作者决定作品的风格和个性，决定作品的基本质量和价值。

作者是著作权的主体，通过向出版社或通过独立的文化经纪人出售自己的作品，享有相应的人身权和财产权。这种出售和转让过程不是时点的，而是时期的（不是瞬时交换完毕）——中间还要与出版社发生修改等关系。

（二）作品：文化创造的客体和出版对象

作品在成为出版物之前，是作者出售给出版社的商品——半成品；在成为出版物之后，是出版社出售给读者的商品——成品。

作品可以是作者主动创造出来投稿给出版社的，也可以是出版社主动策划后向作者约稿的，还可以是出版社组织有关编撰人员按编写条例编写的。随着出版单位作为生产主体意识的增强，后一种情况越来越多。

（三）出版者：专有出版权主体和专有使用权主体

出版者通过著作权的法定转让，对著作权人交付出版的作品，在合同有效期内享有专有出版权。

中国著作权法规定，著作权即版权包括两个方面。一是人身权，包括：发表权，署名权，修改权，保护作品完整权；二是财产权，包括：使用权（复制、发行、出租、展览、表演、放映、广播、信息网络传播、摄制、改编、翻译、汇编及应当由著作权人享有的其他权利），获得报酬权。因此，著作权人向出版者转让的是著作权的使用权中的部分权利——改编、翻译、汇编、复制、发行等使用权构成的"专有出版权"。需要特别强调的是，出版者获得的专有出版权不等于版权（著作权），而只是版权的一部分。

1991 年《著作权法实施条例》第三十八条规定，出版者对其出版的图书、报纸、杂志的版式、装帧设计，享有"专有使用权"。这里也需要说明的是，出版者享有的专有使用权不属于著作权，而是著作权的"邻接权"。

著作权保护的主要是智力作品的创造者；邻接权保护的主要是以表演、录音、广播方式，帮助作者传播作品的传播者，比如出版者。

（四）编辑：出版工作的主体

编辑的功能在于优化和导向。优化体现在编辑加工，是从小处着眼，着眼于技术；导向体现在策划、审稿，是从大处着眼，着眼于科学性、思想性、艺术性、知识性。

编辑作为出版工作的主体，在很大程度上影响着出版物的质量、品位，决定着出版社的效益。

编辑对作者和作品有能动作用，编辑的素质越高，能动作用也就越大。但这种能动作用不能超越作者的主导作用。编辑对读者的阅读倾向也有引导和调节作用，但这种作用也是有限度的，不可能超越社会发展进程。

（五）读者：文化消费的主体

读者是有一定阅读能力、阅读需要和购买力的社会群体，是出版物文化消费的主体，是作者和出版者最终的服务对象和市场目标。

读者的需要从根本上决定着出版的方向和品质。

读者可按照年龄、职业、地域、性别、宗教、文化层次划分成许多族群。不同的族群的不同诉求，形成了出版物市场的许多子市场，也即细分市场。

四、出版自由和出版责任

（一）出版自由

出版自由是公民的基本权利，是民主政治的重要标志和象征。具体地说：公民有表达自己思想和意识的自由，有权从事著述、出版、印刷、发行活动。

不同的阶级、利益集团和国家，在不同的时期，会赋予出版自由以不同的内涵。

出版自由必须以一定的物质文明条件和精神文明条件为基础，受制于一定的上层建筑。

出版自由是相对的、有限的。它既受法律保护，又受法律限制，受到各种政策法规的制约。如在美国，盗版和酒后开车一样要判监禁，教科书的发行要经过州教育委员会审定，儿童读物不得含有凶杀、色情等内容，等等，这些都是对出版自由的制约。在中国，出版也要受各种法规、政策的制约。

（二）出版的社会责任

出版过程和出版的产品（出版物）具有强烈的社会属性：它反映社会，服务社会，并受社会法律和道德规范的制约。

出版的社会责任，一方面体现在它要反映整个人类共同的利益要求，另一方面它要反映特定阶级、阶层、集团的利益和意志。

我国的出版工作，要肩负为人民服务、为社会主义服务、为全党全国工作大局服务的社会责任。

我国的编辑出版工作者不是纯粹的"民间人士"，必须自觉地承担自己的社会责任。

（三）出版功能：社会效益和经济效益

社会效益意味着，出版物对社会发展和人的精神世界的积极的或者消极的影响。积极的影响会推动社会进步，发展先进文化，促进生产力发展。

经济效益意味着，出版物能给出版者带来盈利或亏损。盈利，就会在自身发展壮大的同时促进社会经济发展。

社会效益和经济效益这两个功能可能是一致的，也可能是背离的。正向的一致是我们的追求，社会效益优先是我们的基本准则。

五、我国出版业的性质、方针和任务

（一）性质

出版工作，在物质生产和精神生产过程中，以精神生产为主导；在物质产品和精神产品的结合上，以精神产品为主导；在物质消费和文化消费的结合上，以文化消费为主导。因此，出版工作的主要性质是精神的、文化的、科学的性质，核心是社会意识形态性质，属于上层建筑。

我国的出版事业属于社会主义意识形态，是中国共产党领导的社会主义事业的组成部分。编辑出版工作者，不论你是不是中国共产党党员，你选择了出版工作，你就选择了党的事业。

（二）方针

出版工作中，经常提到三个方针、方向。一是"二为"方针，即为人民服务、为社会主义服务；二是"双百"方针，即百花齐放、百家争鸣；三是"两用"方针，即古为今用，洋为中用。

这其中,"二为"是基本方针。

出版性质决定了"二为"是基本方针。出版工作作为上层建筑,必须与社会主义的经济基础相适应,必须为巩固和发展这个经济基础服务,为建设有中国特色社会主义服务,必须符合马列主义、毛泽东思想、邓小平理论和"三个代表"重要思想的要求。

"双百"方针是繁荣社会主义文化的方针——艺术上百花齐放,学术上百家争鸣。

"两用"方针是对待古代文化和外来文化的方针——继承优秀的文化遗产,引进优秀外来文化,同时剔除糟粕,摒弃腐朽。

(三)任务

社会主义出版工作的任务,概括起来主要是三个方面:

(1)宣传马列主义、毛泽东思想、邓小平理论以及"三个代表"重要思想;

(2)传播有益于经济发展和社会进步的科学文化;

(3)丰富人民群众的精神文化生活。

六、我国出版业现状和发展趋势

(一)现状

改革开放以来,我国出版业有了长足的发展,在法制建设、体制改革、品种规模、质量效益、人才素质、技术手段等方面,都取得了令人瞩目的成就，已然成为世界出版大国。

（1）就法制建设而言，制定了一系列出版法规和相关政策，从层级和效力上说，包括以下内容：

①出版相关法规。包括《宪法》有关条款（1999.3 发布）、《刑法》有关条款（1997.3 发布）、《民法通则》有关条款（1986.4 发布）、《最高人民法院关于审理非法出版物刑事案件具体应用法律若干问题的解释》（1998.12 发布）、《国家通用语言文字法》（2000.10 发布）、《广告法》部分条款（1994.10 发布）。

②出版法规。目前执行的比较重要的有一法五条例、六规四办法，共 16 项法规。一法即《著作权法》（1990.9 颁布，1991.6 施行 /2001.10 重新发布），著作权法本不是单纯的出版法规，但它与出版的相关程度甚高，故受到出版人和出版界的高度重视；五条例即《著作权法实施条例》（1991.5.24 国务院批准、1991.5.30 国家版权局发布，1991.6 施行 /2002.8 重新发布，2002.9 施行）、《出版管理条例》（1997.1 国务院发布，1997.2 施行 /2001.12 重新发布，2002.2 施行）、《印刷业管理条例》（1997.3 国务院发布 /2001.8 重新发布、施行）、《音像制品管理条例》（1994.8 国务院发布，1994.10 施行 /2001.12 重新发布，2002.2 施行）、《计算机软件保护条例》（1991.6 国务院发布，1991.10 施行 /2001.12 重新发布，2002.1 施行）；六规即《图书质量管理规定》（附《图书编校质量差错率的计算方法》，1992 试行 /1997.3 署发布、生效）、《期刊管理暂行规定》（1988.11 署发布、施行）、《电子出版物管理规定》

（1996.3 暂行规定 /1997.12 署发布，1998.1 施行）、《互联网出版管理暂行规定》（2002.6.27 总署、信息产业部颁发，2002.8.1 施行；2016.2.4 总局、工业和信息化部修订公布为《网络出版服务管理规定》，2016.3.10 施行）、《出版物印刷管理规定》（1997.8 署发布、施行）、《关于严格禁止买卖书号、刊号、版号等问题的若干规定》（1997.1 署发布、施行）；四办法即《图书、期刊、音像制品、电子出版物重大选题备案办法》（1997.10 署发布、施行）、《音像制品出版管理规定》（原称管理办法，1996.2 署发布、施行 /2004.6 总署修订发布、2004.8 施行）、《音像制品复制管理办法》（1996.2 署发布、施行）、《计算机软件著作权登记办法》（2002.2 国家版权局发布、施行）。此外还颁布了一系列其他相关法规。

（2）就品种规模而言，2003 年，我国共出版各类出版物 23.5 万种。其中：图书 19.0391 万种，期刊 9074 种，报纸 2119 种，录音制品 1.3333 万种，录像制品 1.4891 万种，电子出版物 4961 种。

到 2003 年底，我国有史以来共出版图书 296.5 万种。其中：有史以来至 1989 年共出版 123 万种，这其中古代至辛亥革命之前出版 18 万种；辛亥革命至 1949 年出版 10 万种；1950 年至 1989 年的 40 年共出版 95 万种，年均 2.44 万种；1990 年至 2003 年的 14 年共出版 173.5 万种，年均 12.39 万种，超过 1989 年之前的出版总量；2003 年高达 19 万种，2004 年更高达 21 万种，年出版量从 90 年代初的 10 万种上下跃升到 20 万种上下，发展速度惊人。

回顾出版成就，足以令人自豪。

（3）然而，与发达国家相比，我国的出版业还有很大差距。

首先，我国出版的经济总量不大。2003 年，我国图书发行行业纯销售额为 461.64 亿元、合 56 亿美元，只相当于美国的五分之一。2001 年，世界著名出版集团的销售收入，德国贝塔斯曼集团（出版部分）为 85 亿美元，英国培生集团为 62 亿美元，美国麦克劳希尔集团为 46 亿美元，而我们全国出版系统的总销售收入才 84 亿美元，只与某些国际出版集团相当。

第二方面，我国出版业的产业化、市场化程度不高。570 家图书出版单位、320 家音像出版单位、121 家电子出版单位中，未有一家达到国际大型出版集团的水平；6.7 万处图书发行网点，区割于不同的地域市场，全国性的"统一、开放、竞争、有序"的出版大市场远未形成。

第三方面，随着出版物销售市场逐渐放开，原有的以国内市场为绝对主体的出版市场必然要被国际同一的出版市场逐渐取代，在国际出版市场的平等竞争当中，我们尚未具备足够的弄潮能力。美国每年出版物进出口约 1000 亿美元，中国约 8000 万美元，为美国的万分之八。德国贝塔斯曼集团图书营业额的 28% 来自德国本土，35% 来自美国，37% 来自欧亚。相形之下，我们的出版集团在国际上的竞争能力和市场份额都极其微弱。

第四方面，出版物作为文化产品的消费水平不高。我国人民正在建设全面小康社会。"全面小康"意味着，文化产业对经济总量的影响加大，人民的物质、政治、精神、生态文明程度普遍提高，文化消费在人民的总体消费中占据重要比重。发达国家经验表明，当人均国内生产总值达到800美元以上时，文化产业和文化消费将明显增长。但我国目前的情况是，2003年，全国只有51.7%的识字国民读书，较5年前下降了8.7%；读杂志的比例，更是较5年前下降了一半多。又据统计，目前每个国民一年的读书量，我国是0.7本，韩国是7本，日本是40本。俄罗斯每20人拥有一套《普希金全集》，对应地，我国每4500人才拥有一套《鲁迅全集》（人民文学版：1958年10卷本印行5万套，1973年20卷本印行5万套，1981年16卷本印行19万套）。读书消费固然与国民的文化水平、整体消费水平及获取知识的方式有关，也与图书的内容、定价、销售方式相关。

第五方面，我国包括出版物在内的文化产品对整个人类文化的辐射与影响程度还比较薄弱。近一二十年来，美国等西方国家借助其发达的文化产业、发达的生产和营销能力，在向全球推销其文化娱乐产品的同时，也在推销他们的文化价值观，这已是不争的事实。就在"中国制造"的物质产品遍及全球之时，我国的文化产品特别是出版产品还没有阔步走出国门。作为先进文化的传播者、民族精神的铸造者之一的我国出版业，在积极开拓国际市场、努力弘扬民族精神方面，还有大量工作要做。

就出版企业内部而言，也存在一些矛盾和问题。矛盾主要集中在以下5个方面：一是图书品种与销售册数的矛盾。

1978～2003 年，图书品种增加 12 倍，而销售册数增长不到 1 倍。二是销售增长与整体增长的矛盾。图书销售的增长远远低于 GDP 的增长。三是定价总额与印张总量的矛盾。图书总定价的增长高于总印张的增长。四是销售面积和库存总量的矛盾。卖场越来越大，而出版社库存也越来越大（2003 年，我国图书的年纯销售额为 400 多亿元，而库存则超过 300 亿元，其中中央级的出版社占了一半多。每家出版社积压的资金平均在 1000 万～3000 万元左右，有的高达 10 亿元。如果再加上民营渠道和发行渠道内的库存数字，出版物库存至少有 500 亿～600 亿元的规模。有人称，90% 的库存图书只能以公斤计价）。五是大量退货与回款过慢的问题。退货越来越严重，而回款越来越慢。

以上矛盾突出反映了如下问题：一是图书品种总量增长过快，国家宏观调控不力；二是图书产业较之其他产业增长缓慢，市场化、产业化程度不高；三是图书定价虚高，也是市场化程度不高的表现；四是大型发行集团成立、转制过程中的清产核资，导致出版社退货的增加；五是大型发行集团不断推出大型卖场，但社会销售总额增加不大，导致出版社要以大量造货填充超大卖场，但销售总额的不足反而增加了出版社的库存。

针对上述矛盾和问题，政府宜加强宏观调控和管理，主要是图书品种的总量调控和出版范围的管理；出版业要加快市场化、产业化进程，主要应在体制和机制方面进行改革；出版发行业的发展应该百花齐放，不可一刀切，应鼓励大、中、小出版机构并存，而不是一味推崇集团化；出版行政管理部门应充分注意并解决出版业集团化带来的更为严重的地区保护和贸易壁垒问题。每个省都成立出版、发行集团，遍地开花、画地为牢，永远也无法建成统一、开放、竞争、有序的全国大市场。

（二）发展趋势

（1）在出版定位上进一步产业化、集团化。李岚清 1999 年 1 月 26 日在新闻出版局长会议上指出："新闻出版业是一个产业，因为它在国民经济中占有相当重要的地位。新闻出版是从事精神产品生产的，……必须遵循新闻出版的内在规律，……也必须遵循社会主义市场经济的要求。"

（2）在出版运作上进一步市场化。在实行政事分开、政企分开的基础上，首先开放国内出版市场，改革单一所有制的市场主体为各种所有制形式的市场主体，建立公有制为主体、各种经济成分共同发展的出版经济，将地下出版商"引导归档"。

WTO 后的融资政策是：出版集团之经营部门，可吸收国有资本并控股；发行和印刷集团，可吸收国有、社会资本并控股。

（3）在出版社组织形式上推行集团化，尝试企业化。在市场化的基础上实行出版业组织结构的战略重组，提高竞争能力。1996 年，出版领域开始集团化试点工作。2001 年和 2002 年，中央办公厅、国务院办公厅先后联合下发了 17 号文件和 16 号文件，集团化试点全面推进。至 2003 年 6 月两办下发的 21 号文件中确定的，进行文化体制改革试点的出版单位（主要是出版、发行集团）已有 15 家，其中出版单位 9 家，发行单位 6 家。2003 年底，国办发 105 号文件出台（包括《文化体制改革试点中支持文化产业发展的规定（试行）》和《文化体制改革试点中经营性文化事业单位转制为企业的规定（试行）》），出版社、出版集团开始了转制为企业的尝试。

（4）在管理体制上进一步规范化。按照"三个代表"重要思想的要求，调整管理方式，改进管理水平，在抵御西方思想文化扩张和渗透的同时，科学管理，规范市场，改善环境，提高出版业的整体竞争能力。

（5）在出版手段上进一步科学化。引进先进技术，提高硬件水平。大力发展多媒体出版特别是网上出版及计算机出版管理系统，提高出版效能，改善出版功能。目前，我国经新闻出版总署批准的互联网出版单位已有 50 家，涉足互联网出版的经营机构则有 12500 家；传统出版企业（图书、期刊、报纸、音像、电子出版等单位）涉及互联网出版，且初步具备互联网出版商业规模的，有 1202 家。2003 年，全国互联网出版产业规模已达到 24.74 亿元。

（6）在出版目标上，既立足国内市场，又顺应全球化潮流。面向世界，扩大规模和经营范围，提高整体竞争能力。

——1995 ～ 1999 年在新闻出版总署编辑出版人员培训班上的讲稿。

2005 年初版时补充了新数据。

出版流程综述

出版是将作品编辑加工后，用印刷等形式复制在一定的物质载体上，构成特定形式的出版物，通过出售等发行方式，向公众传播信息、知识、文化、思想的一种生产活动。

出版流程是出版作为一种生产活动的全过程。这种生产既是物质产品的生产，又是精神产品的生产，占主导地位的还是精神产品的生产。因此，在从事出版生产的过程中，既要了解和掌握生产的环节、工艺、技术和一般规律，又要清晰地认识到这种生产不同于一般商品生产的特殊性，并能自觉地把握这个特殊性，把握好精神产品的创造过程和物质产品的制造过程。这两个过程是紧密地融合在一起的。

站在出版社的角度看，出版流程包括六大环节：选题；审稿；编辑加工；出版设计；印刷和复制；市场营销。出版流程中应当考虑的基本问题如下所述。

一、选题

（一）选题原则

1. 选题的计划性

（1）出版分工

（2）出版限制

（3）重大选题备案

（4）社会导向

（5）选题计划

出版社选题计划；主管部门选题计划；重点选题计划

2. 选题的市场性

（1）出版物市场的三个要素

（2）市场的细分

（3）出版物的细分

（4）市场取向

3. 选题的评判标准

（1）预见性

（2）开拓性

（3）针对性

（4）系统性

（5）可行性

（6）功利性

（二）选题策划

1. 出版信息

（1）社会科技文化动态

（2）市场需求状况

（3）作者群体状况

（4）出版者竞争状况

2. 选题策划——市场的选择

（1）选择市场目标

（2）选择作者

（3）设计出版物类型组合

（4）设计生产流程和周期

（5）设计营销组合

（6）测算投入产出，分析效益

3. 选题申报——制度化的选择

（1）一般选题申报

（2）重点选题备案申报

（3）重大选题备案申报

（4）引进版选题备案申报

4. 出版合同——法律的选择

（1）著作权的归属和转让

（2）专有出版权的获取

出版媒体；发行地区；有效期间

（3）作者的人身权

（4）作者的财产权：三种稿酬方式

二、审稿

三审制

（一）审稿的基本原则

1. 社会效益第一原则

（1）出版物的社会主义属性

（2）出版物的国家属性

（3）出版物的社会道德属性

2. 质量第一原则

（1）政治质量

（2）学术质量

思想价值；科学价值；艺术价值；知识含量；独创性

（3）技术质量

编校质量；装帧质量；印制和复制质量

3. 读者至上原则

（1）读者的兴趣爱好

（2）读者的阅读心理和习惯

（3）读者的接受能力

（4）读者的购买能力

4. 尊重作者原则

（1）作者的观点

（2）作者的风格

（3）出版者对作者的能动作用

（二）审稿的基本方式

1. 初审（一审）

（1）初审资格

（2）责任编辑

（3）初审责任

2. 复审（二审）

（1）复审资格

（2）主任编辑

（3）复审责任

3. 终审（三审）

（1）终审资格

（2）总编辑

（3）终审责任

4. 审读报告

（1）审读的基本情况

（2）书稿评价

（3）退改

（4）退稿

（三）特殊出版物的审读

1. 重点书稿的外审和会审

（1）专家外审

（2）会审

2. 重大选题书稿的送审

（1）重大选题备案送审

（2）重要内容专题送审

3. 电子音像出版物的审定出版

（1）电子出版物审定出版

（2）音像制品的审定出版

三、编辑加工

文责自负和文责共负

校异同和校是非

（一）内容加工

1. 设计和统一编写体例

（1）结构安排

（2）篇幅安排

（3）配图和表格安排

2. 订正内容

（1）政治性问题的处理

（2）科学性判断

（3）权威性判断

（4）资料核实

3. 设计和处理辅文

（1）说明性辅文

前言；凡例；后记

（2）参考性辅文

注释；引文；参见；参考书目；附录

（3）检索性辅文

目录；索引；书眉；检标；书脊

（二）文字加工

1. 文法逻辑问题的处理

（1）文字

（2）词汇

（3）语法

（4）修辞

（5）逻辑

2. 调整修饰

（1）整理

（2）删节

（3）改写

（4）润色

（三）图片处理

1. 线条图处理

（1）图文照应

（2）比例统一

（3）图例统一

（4）清绘和美化

2. 照片处理

（1）密度调整

（2）整修

（3）色彩调整

明度；色相；饱和度

（四）电子音像制作和检测

1. 制作和处理

（1）文本制作

（2）声音录制

（3）MIDI 音乐制作

（4）绘画

（5）图像处理

（6）视频处理

（7）动画制作

2. 检测

（1）样盘检测

（2）母盘检测

（3）在线检测

（五）技术加工

1. 标准化

（1）汉字使用标准

字形；字音；部首；汉语拼音

（2）标点符号使用标准

（3）数字使用标准

（4）量和单位使用标准

（5）科技名词术语使用标准

（6）参考文献著录标准

2. 统一

（1）人名统一

（2）地名统一

（3）组织机构名称统一

（4）外文统一

（5）地图绘制依据统一

（6）正文和辅文的统一

（7）作品与权威工具书的统一

（六）校对

1.三校一读制度

（1）校对

（2）通读检查

（3）技术整理

2.责任校对制度

（七）编校质量

1.质量差错认定

（1）文字差错

（2）词语差错

（3）语法差错

（4）标点符号差错

（5）数字差错

（6）量和单位差错

（7）版面格式差错

2. 质量保障体系

（1）编辑出版责任机制

前期保障；中期保障；后期保障

（2）出版管理宏观调控机制

预报；引导；约束；监督；奖惩；责任

（3）社会监督机制

四、出版设计

（一）装帧设计

1. 整体设计

（1）开本设计

（2）材料设计

（3）印装工艺设计

2. 封面设计

（1）封面设计

（2）护封设计

（3）函套设计

3. 版式设计

（1）版心设计

版心大小；位置；书眉；页码

（2）排列方式设计

（3）字体字号设计

（4）图片设计

4. 附件设计

（1）环衬设计

（2）书名页（扉页和版权页）设计

（3）辅文设计

（二）标识设计

1. 版权标识

（1）书名页标识

（2）作者标识

（3）出版者和出版工作人员标识

（4）标准书号和版号标识

（5）图书在版编目数据标识

（6）条码和附加码标识

2. 出版记录

（1）版次

（2）印次

（3）印数

（4）容量

开本；字数；印张

五、印刷和复制

（一）发稿

1. 发稿

（1）稿件合成与检查

（2）多媒体合成与检查

（3）发稿手续

2. 排版与检测

（1）文字排版

（2）图书排版

（3）校对和看样

（4）多媒体出版物刻录

（5）多媒体出版物检测

（二）印刷和复制

1. 印刷工艺和设备

（1）印刷种类

（2）印刷工艺

（3）印刷设备

（4）装订工艺和设备

2. 复制工艺和设备

（1）复制工艺

（2）复制设备

（3）复制印刷包装

3. 印刷和复制审查

（1）样书审查和正式印刷

（2）样品审查和正式复制

4. 印刷和复制手续

（1）印刷许可和复制许可

（2）印刷委托书

（3）复制委托书

（4）异地印刷

（5）出境印刷和复制

5. 重印和再版

（1）重印和再复制

（2）再版

（三）印后管理

1. 样书和样品管理

（1）缴送样书和样品

（2）赠送样书和样品

（3）存档样书和样品

2. 出版资料管理

（1）原稿管理

（2）发印软盘管理

（3）印刷胶片管理

（4）母盘、母带管理

（5）合同、协议管理

（6）编辑出版记录及与作者往来记录管理

六、市场营销

四个基本概念：发行；销售；推销；营销

发行（distribution）——市场的分配

销售（sale）——生产什么，卖什么

推销（promote sales）——你要什么，我卖什么

营销（marketing）——我卖什么，你买什么

两个基本环节：促销；分销（发行）

（一）市场预测

1. 预测销售时机

（1）淡季和旺季

（2）短期和长期

（3）畅销和常销

2. 预测销售周期

（1）试销期

（2）畅销期

（3）饱和期

（4）衰退期

3. 预测方法

（1）调查预测

抽样调查；征集意见

（2）指标预测

（3）比较预测

（4）经验预测

（二）促销

1. 宣传

（1）评介

（2）评论

（3）预告

（4）征订目录

（5）供货目录和可供书目

（6）陈列

（7）网上公告

2. 广告

（1）报刊广告

（2）广播广告

（3）电视广告

（4）海报

（5）路牌

（6）灯箱

（7）软广告

3. 人员推广

（1）销售介绍，演示

（2）直销介绍

（3）书展介绍

书市；订货会；国际博览会

（4）签名售书（带、盘）

（5）出版座谈会和新闻发布会

（6）专题报告会

4. 销售促进

（1）折扣优惠

（2）回款优惠

（3）赠送出版物

（4）赠送购物券和礼品

（5）送货上门

（三）分销（发行）

1. 分销渠道

（1）分销商

（2）专业系统

（3）自办书店

（4）独立书店和小书店

（5）邮寄

（6）直销

（7）展销

2. 分销方式

（1）批发

（2）零售

（3）包销

（4）寄销

（5）代销

3. 分销手段

（1）仓储

（2）运输

（3）工厂发货

（4）分印

（四）经济核算

1. *产品成本*

（1）制造成本

稿酬及编、校、审稿费；印制加工费；材料费；出版损失费；编辑经费

（2）期间费用

管理费用；销售及广告费用；财务费用

2. *产品定价*

（1）成本导向定价

成本加成定价法；目标利润定价法

（2）需求导向定价

感受价值定价法；差别定价法

（3）竞争导向定价

随行就市定价法；撇脂定价法；渗透定价法

3. *折扣与折让*

（1）功能折扣（批发折扣）

（2）数量折扣

（3）现金折扣

（4）季节折扣

（5）以旧换新折让

（6）促销折让

4. *效益计算*

（1）码洋

（2）实洋

（3）销售利润

销售利润＝销售收入－直接成本（制造成本，或加上销售及广告费用）

中西方计算出版物销售利润的差别：

中国：存货不结算成本、利润。如：

印 1 万册，花 10 万元，卖 5000 册，收入 20 万元，则计为成本 5 万元，利润 15 万元。

美国等西方国家：存货计入已销售部分的成本，以此算利润。如：

印 1 万册，花 10 万元，卖 5000 册，收入 20 万元，则计为成本 10 万元，利润 10 万元。

（4）营业利润

（5）税后净利润

在中国，A ～ Z 共 22 类图书中：C（社会科学总论）、I（文学）、G（文化、科学、教育、体育）、H（语言文字）、J（艺术）、Z（综合性图书）——这 6 类图书不退增值税；其余 16 类（社科、科技类）——可退增值税。

——1995 ～ 1999 年在新闻出版总署编辑出版人员

培训班上的讲稿提纲

出版流程之选题工作

一、选题原则

(一) 选题的计划性

选题的计划性是由出版分工、出版限制、重大选题备案制度、社会导向要求等因素决定的。

1. 出版分工

出版分工是指出版社可以出版什么样的出版物。在完全的市场经济条件下，出版社作为企业，是通过市场选择自己的出版方向、确立自己的竞争优势的。但在我国，政府管理出版业的重要手段之一，是对各个出版社划出出版范围，各类出版社都要在给定的出版范围内开展出版活动，这就是出版分工。

出版分工在目前是一个客观存在，在社会主义市场经济条件下一时还难以取消。《出版管理条例》（国务院 1997 年 1 月发布、1997 年 2 月施行，2001 年 12 月修订后重新发布、2002 年 2 月施行，2011年3月19日再次修订后发布）第十一条明确规定，设立出版社应当具备的基本条件之一是"有确定的业务范围"。

除了给定的出版范围外，国家出版行政部门还规定，以下9类出版物必须由指定的出版社出版：①党代会、人代会文件汇编；②法规汇编；③年鉴、名录；④中小学复习资料；⑤外国学术、政治著作；⑥描写犯罪内容的文学作品；⑦新武侠小说；⑧人体美术图书和挂历；⑨地图。

2. 出版限制

出版限制是指出版社不可以出版什么出版物。作为社会意识形态的组成部分，出版受到法律法规的制约是自然的，在任何国家都不例外。我国《出版管理条例》第二十六条（在2011年3月修订发布的《出版管理条例》中为第二十五条——再版注）规定，任何出版物不得含有下列内容，也就是说不得出版下列出版物：

①反对宪法确定的基本原则的；②危害国家统一、主权和领土完整的；③泄露国家秘密、危害国家安全或者损害国家荣誉和利益的；④煽动民族仇恨、民族歧视，破坏民族团结，或者侵害民族风俗、习惯的；⑤宣扬邪教、迷信的；⑥扰乱社会秩序，破坏社会稳定的；⑦宣扬淫秽、赌博、暴力或者教唆犯罪的；⑧侮辱或者诽谤他人，侵害他人合法权益的；⑨危害社会公德或者民族优秀文化传统的；⑩有法律、行政法规和国家规定禁止的其他内容的。

除以上规定外，对涉及民族、宗教等类出版物，实际出版活动中还有具体限定。比如，宗教类的《古兰经》《大藏经》只限专业出版社出版，而《圣经》则只限教会印行。

3. 重大选题备案

对于某些可以出版的重大、敏感选题，国家出版行政部门需要在内容、数量上进行宏观掌控和审定。20 世纪 80 年代以来，有关部门先后下发了一系列通知、规定，要求对某些选题履行报批程序。1997 年，新闻出版署制发了《图书、期刊、音像制品、电子出版物重大选题备案办法》（1997 年 10 月 10 日新出图〔1997〕860 号发布、施行），对原来散见于各通知、规定中要求报批的选题作了梳理，明确对以下 15 类重大选题，需在出版之前报新闻出版署备案，否则不得出版发行：

①有关党和国家的重要文件、文献选题；②有关党和国家曾任和现任主要领导人的著作、文章以及有关其生活和工作情况的选题；③涉及党和国家秘密的选题；④集中介绍政府机构设置和党政领导干部情况的选题；⑤涉及民族问题和宗教问题的选题；⑥涉及我国国防建设及我军各个历史时期的战役、战斗、工作、生活和重要人物的选题；⑦涉及"文化大革命"的选题；⑧涉及中共党史上的重大历史事件和重要历史人物的选题；⑨涉及国民党上层人物和其他上层统战对象的选题；⑩涉及前苏联、东欧以及其他兄弟党和国家重大事件和主要领导人的选题；⑪涉及中国国界的各类地图选题；⑫涉及香港特别行政区和澳门、台湾地区图书的选题；⑬大型古籍白话今译的选题（指 500 万字以及 500

万字以上的项目）；⑭引进版动画读物的选题；⑮以单位名称、通讯地址等为内容的各类"名录"的选题。

《图书、期刊、音像制品、电子出版物重大选题备案办法》还规定，以上所列重大选题的范围，将根据情况适时予以调整并公布。

4.社会导向

出版工作要坚持为人民服务、为社会主义服务、为当前全党全国的工作大局服务，做到贴近现实、服务现实、弘扬主旋律，多出积极、健康、向上的优秀作品，发挥精神产品正确的导向作用。

5.选题计划

选题计划是在考虑到出版分工、出版限制、重大选题备案制度和社会导向要求等因素的基础上制订的。一般来说，选题计划包括出版社选题计划、主管部门选题计划、重点选题计划三个层次。

出版社选题计划是出版社自己组织制订的，制订过程中要考虑到作者、编辑力量、市场要求、资金运作、营销能力，以及长线与短线、重印与再版、自主策划与接受投稿、引进出版与合作出版等因素。由于市场要求变化较快和选题计划制订过程中缺乏科学分析等原因，不少出版社的选题计划特别是中、长期选题计划存在实现率不高的问题，给出版活动的生产预期和效益预期带来了难度。

主管部门选题计划通常是由出版社的主管部门（出版集团、

出版局、主管部委）制订的。

重点选题计划的"重点"，可以是出版社的重点，也可以是一个行业、一个省的重点，乃至国家五年规划中的重点出版工程。列入重点计划的选题，通常在质量、完成时间、出版的社会效益和经济效益上有较高的要求，同时，在资金、人力上有较好的保障和支持。

（二）选题的市场性

出版物市场是由有某种需求的人、购买欲望和购买力三个要素构成的。市场可以按地理、民族、文化、职业、年龄等因素进行细分。

与市场的细分相关，出版物本身可以从三个方面分类，即：图书馆分类法，出版物版权页分类法（A～Z 共 22 类），市场（书店）分类法。

市场分类法是随时变化的，通常可分为：科技类，如计算机、建筑；社科类，如财经、成功励志、英语；文艺类，又分为中国文艺作品、外国文艺作品；生活类；妇女类；儿童类；教育类，包括教材、教辅（练习类图书、习题集、试卷集、寒暑假作业）、考试用书（中考、高考、考研、职考、专业考）；等等。

当前市场热门的读物，构成了选题的市场取向。如某个时期的市场取向可能是如职业资格考试、英语、音乐、素质教育等。

（三）选题的评判标准

一是预见性。即按照出版规律，预测重大事件、社会热点、重要纪念日的纪念活动，提前安排相关选题，引导市场，培育市场。

二是开拓性。通过已有出版物内容和读者的进一步细分，开拓新的选题。如一本农作物种植方面的书，可以开拓为水稻种植、小麦种植等新选题。这方面，金盾出版社做得很成功。

三是针对性。如专门针对打工族的选题、专门针对更年期人群的选题。

四是系统性。即先出单本图书，待市场效益看好时，再衍生出系列丛书，例如山东画报出版社的《老照片》丛书。

也可以从图书衍生到音像、电子出版物、卡通、玩具、专刊，如《宠物小精灵》系列。

五是可行性。考虑选题时，应综合考虑作者、读者、资金、环境等方面的可行性。

六是功利性。选题最终应能为出版社带来社会效益和经济效益。

二、选题策划

进行选题策划时，实际上是在进行市场选择、制度化选择和法律选择。

（一）出版信息

出版信息包括：社会科技文化动态（如"9·11"事件刚发生不久，出版恐怖小说和"基地组织"的书就不合时宜）；市场需求状况；作者群体状况（如现在缺少老龄读物、农村读物、科普读物，但相应的作者也很匮乏，策划这样的选题难以找到合适的作者）；出版者竞争状况（如新闻出版总署、教育部、计委联合出台《中小学教材审定、出版、发行招标投标试点实施办法》后，虽然只允许 5% 利润，各家出版社都有了机会，但由于竞争面扩大，竞争难度也加大了）。

（二）选题策划——市场的选择

从市场角度而言，选题策划首先是要选择市场目标，即确定和选准细分市场。譬如 20 世纪 80—90 年代，大城市多大兴土木，催生了许多建筑工人。当时，中国大百科全书出版社平装印行了 50 万册的《中国大百科全书·土木工程》卷，以为可以卖给那么多的建筑工人。但实际上建筑工人几乎没什么人购买此书，结果造成大量积压，这就是目标市场选得不准的例子。而与此同时，同类的《中国大百科全书·法学》卷，却在几年间卖出了 47 万册。这是因为当时赶上了全国上下的普法热，该书撞到了合适的目标市场上。

二是选择作者。选择作者既要考虑实际水平，又要考虑其知名度。大作家（如高士其、冯友兰）可以写小作品，小作家也可以谈大问题（如留美大学生谈留学经历，更有真情实感）。

三是设计出版物类型组合。同一个选题，可考虑图书、刊、盘、带组合出版，以满足不同读者的偏好。报刊上合适的文章可汇编成书，合适的影视作品可以与图书互动，相应的"影视同期书"，如《大宅门》，是从电视到图书；《涩女郎》，则是从漫画书到话剧、电影、电视。

四是设计生产流程和周期。有的选题可能是大投入、长周期、大产出（如工具书、典籍），有的则是小投入、短周期；有的是常销，有的可能只是一时畅销。

五是设计营销组合。就营销方式而言，有主渠道、二渠道、直销、寄销、实体店、网店之分，就促销手段而言，有签名售书、有奖销售等等。

六是测算投入产出，进行效益分析。

（三）选题申报——制度化的选择

选题申报是各级出版规章制度所决定的。包括：一般选题在出版社内部的申报；重点选题在出版社内部或向上级主管部门申报；重大选题备案申报，《图书、期刊、音像制品、电子出版物重大选题备案办法》规定，15 类需要备案申报；引进版选题备案申报，如按规定，图书、音像制品的引进要分别向省级以上出版、文化部门备案申报。

（四）出版合同——法律的选择

《中华人民共和国著作权法》（1990 年 9 月 7 日发布，1991 年 6 月 1 日起施行；2001 年 10 月 27 日修订；2010 年 2 月 26 日第二次修订）规定：使用他人作品应当同著作权人订立许可使用合同，其内容应当包括许可使用的权利种类，许可使用的权利是专有使用权或者非专有使用权，许可使用的地域范围、期间，付酬标准和办法，违约责任等。同时规定：图书出版者出版图书应当和著作权人订立出版合同，并支付报酬；图书出版者对著作权人交付出版的作品，按合同约定享有专有出版权，并受法律保护。专有出版权是著作权人向出版者有偿转让著作权的使用权中的部分权利（改编、翻译、汇编、复制、发行等）而构成的。

出版者向著作权人支付稿酬的方式有三种，即一次性稿酬制、基本稿酬＋印数稿酬制、版税制。现在多采用版税制。

出版流程之审稿工作

审稿是通过阅读审查，对稿件作出基本评价，决定取舍，并对取中的稿件提出修改建议的过程。我国出版单位实行责任编辑初审（一审）、编辑室（部）负责人复审（二审）、出版社负责人终审（三审）的三级审稿责任制度，简称三审制。《图书质量保障体系》（新闻出版署 1997 年 6 月发布、实施）对三审人员的资格和三审工作的任务作了明确规定，要求在三审过程中，始终注意政治性、政策性问题，切实检查科学性、艺术性、知识性问题。

审稿与其后面的流程"编辑加工"密切相关，但又有所区别，三审制不等于三次加工。一般来说，审稿是从大处着眼，侧重于稿件的思想性、政策性、科学性、艺术性、知识性、独创性等问题，由此决定稿件的取舍和修改原则；编辑加工是从小处着眼，侧重于体例、文字、图片等具体内容的改正和改善。

一、审稿的基本原则

（一）社会效益第一原则

审查稿件，首先要审查其社会效益，坚持社会效益第一的原则。一是要坚持出版物的社会主义属性，保证稿件的内容符合社会主义的基本原则和规范。二是要坚持出版物的国家属性，保证稿件的内容能够维护国家的根本利益。比如"高句丽"问题，过去曾有观点认为"高句丽"是朝鲜古代政权，现在的准确表述应当是："高句丽"是中国古代地方政权，该政权的治所长期处于中国境内。类似这些涉及中国疆域的问题，以及我国政府对现代外国政府承认与否的问题等，都涉及国家利益，应当慎重对待。不清楚的，应当请示外交部等权威部门。三是要坚持出版物的社会道德属性，保证稿件的内容符合我国社会、中华民族的基本道德规范。比如对待同性恋问题、吸毒问题、色情凶杀现象，我们的社会道德规范就与有些国家不尽相同。

（二）质量第一原则

质量是出版物的生命。稿件的质量，首先是政治质量。就是要坚持以马列主义、毛泽东思想、邓小平理论和"三个代表"重要思想为指导，坚持党的路线、方针、政策，遵守国家的法律、法规，维护党、人民和社会主义国家的利益。这方面涉及的问题往往很具体，需要认真、小心对待。有的稿件在统计有关国家的资料时，往往误将"台湾"与其他国家并列（应将国家统计改正为国家和地区统计，或在国家统计中去掉台湾）；有的稿件在提到台湾、香港、澳门地区与祖国大陆的合资企业、合资项目时，有时误称为"中台合资""中港合资"等（应称如"沪台合资""粤港合资"等）；有的稿件误把台湾称为海外（按"海外"与"国外"等义，台湾当然不是海外）。这些情况都涉及政治质量问题。

有些问题更细微，不容易发现。比如有的稿件在介绍台湾省情况时，提到"宝岛明珠——金门""台湾金门""台湾马祖"等，也是错误的。当今台湾当局控制的地区除台湾省外，还包括不属于台湾省而属于福建省的金门、马祖、乌丘、东引、西引等15个岛屿（即使是台湾出版的《"中华民国"2001年年鉴》中，金门、马祖等也列入福建省），包括属于广东省的东沙群岛，包括原属广东省、现属海南省的南沙群岛太平岛等。因此，"台湾当局的实际控制区"与"台湾省的范围"是两个概念。

在涉及蒙古国与我国内蒙古自治区、新疆、西藏等问题时，也要注意稿件的政治质量，维护国家和民族利益。如有的稿件中出现"1989年诺贝尔和平奖获得者达赖喇嘛，西藏（国籍栏）"的字样，这是错误的。首先我们不承认这样的政治上别有用心的"和平奖"，其次达赖喇嘛的国籍应当是中国。

有的稿件把"社会主义市场经济"与"市场社会主义"混为一谈，把"社会主义初级阶段"与"民主社会主义"混为一谈，把人民代表大会制度与西方的议会制度等同起来……，都涉及政治质量问题，应当注意解决。

第二是学术质量，包括稿件的思想价值、科学价值、艺术价值、知识含量和独创性。思想价值即稿件的思想内容是否正确、健康、积极、向上，是否宣扬正确的世界观、人生观、价值观，是否宣扬崇高的理想信念、高尚的道德情操、优良的社会意识和先进的文化。

科学价值即稿件的内容是否符合客观实际、反映客观规律，是否在分析问题、提出新观点、构建新理论的基础上对人们认识世界、改造世界有指导、帮助意义。

艺术价值即稿件的内容在艺术的内涵与形式上是否有所创新，有所丰富，有所发展，是否对人们有所启迪、为人们带来艺术享受。

知识含量即稿件的内容是否具有丰富的知识，是否能够为读者提供翔实、准确、丰富的科技、文化、社会信息，读者是否能够从中获取知识营养。

独创性即稿件的内容、形式应当与其他作品有所不同、有所创新，理论上是否有新发展、思想上是否有新启迪，是否能给读者提供新的知识、新的创意、新的收获、新的享受等。

第三是技术质量，包括编校质量、装帧质量、印制和复制质量等。这方面，有关部门有一系列具体规定和要求，需要严格遵照执行。

（三）读者至上原则

作品编出来是给读者看的，读者是出版物的最终消费者和我们的服务对象。因此，审稿过程中，就要始终把读者放在心里，坚持读者至上的原则。要针对不同的读者对象，组织相应内容和形式的出版物，充分考虑读者的兴趣爱好、读者的阅读心理和习惯、读者的接受能力和读者的购买能力。

（四）尊重作者原则

作者是文化创造的主体和著作权的主体，在与编者的关系中应当处于主导地位。出版物的基本质量和价值，风格和个性，应当首先由作者决定。审稿过程中，应当充分尊重作者的创造性，尊重作者的观点和风格，在与作者充分协商的前提下对稿件进行修改。

当然，编辑审稿人员作为出版工作的主体，对作者和作品有能动作用，应当能够通过作者提高出版物的质量和品位，帮助作者把好质量关特别是政治关。出版单位与编辑审稿人员对出版物负有连带责任，特别是政治把关、政策把关、思想把关、质量把关的责任和义务。

二、审稿的基本方式

《图书质量保障体系》对三审人员的资格和审稿的基本要求作

出了全面规定。总体上讲，审稿是职务行为和责任，审稿人应当亲力亲为，亲自写出审读报告、提出审稿意见。概略地说，初审由具有编辑以上职称（特殊情况下也可以是助理编辑）的人担任。作为责任编辑，审读全部稿件，主要从专业角度把好政治质量关、学术质量关、结构体例关和文字关，并写出初审报告，提出取舍、修改建议。复审由具有副编审以上职称的编辑室（部）负责人担任，审读全部稿件，主要把好政治质量关、学术质量关和结构体例关，解决初审提出的问题，并写出复审报告，作出总的评价。终审由具有副编审以上职称的出版社负责人担任，通读全部稿件，主要把好政治质量关和学术质量关，对稿件的思想政治倾向、社会效果、是否符合党和国家政策规定作出基本判断，对稿件的学术质量、类型特征、是否符合本单位的品种结构作出基本评价，解决初审、复审提出的问题，最终决定是否采用稿件，是否报请重大选题备案，是否送请有关专家或部门外审。

需要强调的是，有些单位因为审稿工作量大、人手紧张，有时要请一些具有相应职称资格的离退休人员协助一、二、三审，这是允许的。但协助审稿人员不能代替在职人员的职务行为和责任，只能是辅助审稿。此外，除终审人员因为是宏观把关可以采用通读的办法外，复审人员必须仔细审读全部篇、章、字、句。

三审结束后，应根据审读情况，对稿件作出基本评价，以书面形式，决定是否退稿，是否退改，是否报请重大选题备案，是否送请专家外审。

三、特殊出版物的审读

（一）重点书稿的外审和会审

对于专业性很强、本社编辑人员不很熟悉其专业内容的稿件，可聘请有较高思想政治水平、政策水平、学术水平和道德修养的社外专家，担任学术顾问、特约编审等，作为外审人员，帮助审查、评价稿件。对于大部头学术著作、大型丛书、大型工具书等"重量级"稿件，还可聘请相关的一批社外专家，组成学术委员会、编审委员会、编辑委员会等，作为外审班子，帮助审查、评价和处理稿件。

对于某些内容敏感的稿件，可送请有关方面的专家，进行局部的重点审查。对于某些内容涉及几个交叉学科的稿件，可请几个方面的专家，从不同角度进行会审。

对以上所说的外审或会审，均需按有关规定向其支付审稿费。外审和会审主要是从政治、学术上把关，对结构、体例、文字质量等一般不作仔细推敲，不能替代出版社内部三审制度。

（二）重大选题书稿的送审

审稿过程中发现稿件内容属于《图书、期刊、音像制品、电子出版物重大选题备案办法》所列的 15 类重大选题，或其他需要备案的选题时，出版社需要填写备案申请报告，附上全部稿件或样片、样带,经上级主管部门审核后,向新闻出版总署申请备案。

审稿过程中,发现稿件的某部分内容——如历史地理问题、国界问题、涉及国界的地图、某些敏感的人物及事件等——比较敏感时,也需要按有关规定,专门送请外交部、国家测绘总局等有关部门,进行专题审查。

(三) 电子音像出版物的审定出版

对图书、音像制品而言,其编辑(含校对)、印制、复制、发行等重要生产环节,均需由出版社自主控制、独立操作,否则属于买卖书号行为,是非法出版物,要受到惩处。

对电子出版物而言,其编、印、复、发环节当然也需由出版社掌控、操作,但有其特殊性。电子出版物的制作过程相对比较复杂,专业程度较高。因此,在"制作"这个生产环节,电子出版物出版单位可以自主进行,也可以委托进行。《电子出版物管理规定》规定,经过新闻出版署备案的电子出版物制作单位,可将自行制作的或电子出版物出版单位委托制作的电子出版物,交由电子出版物出版单位审定出版。审定出版时,出版单位应与制作单位签订"委托制作合同",并按约定收取审定费。委托制作和收取审定费不属于买卖书号。

出版流程之编辑加工

不从事出版工作，也会涉及编辑加工。只要涉及文字、图片、动画、音像的处理，就会涉及编辑加工。

就出版过程而言，编辑加工分为：内容加工、文字加工、图书处理、电子音像制作和检测、技术加工、校对等方面。

编辑加工是在"审稿"的基础上进行的，是对稿件具体内容的改进和改善，是责任编辑的重要职责和主要工作内容。《图书质量保障体系》规定责任编辑除负责初审工作外，还要负责稿件的编辑加工整理和付印样的通读工作，使稿件的内容更完善，体例更严谨，材料更准确，语言文字更通达，逻辑更严密，防止一般技术性差错；并负责对编辑、设计、排版、校对、印制、复制等环节的质量进行监督。

编辑加工过程中，既要尊重作者的观点和风格，要求作者"文责自负"；也不能忘记出版者的政治、社会责任，在稿件的基本倾向、社会影响、内容质量等方面严格把关、精雕细琢，维护出版物质量和出版社品牌，与作者达成"文责共负"。

一、内容加工

（一）设计和统一编写体例

对丛书、套书、工具书等重点书稿，要从篇幅、结构、配图、表格的安排，字目、词目、条目的设置和表述方式，整体设计与单册（卷）设计的协调等方面，事先设计出编写体例，加工时进行统一处理。对于多作者的书稿，要对表述的方式和行文的风格，进行统一处理。

（二）订正内容

对政治性、政策性问题，要按照有关规定进行妥善处理。对科学性、艺术性问题，要作出准确的判断和处理。对新观点、新理论，既要支持鼓励，又要从权威性上进行适当把握，防止不符合唯物主义和辩证逻辑的内容甚或歪理邪说流传。有些稿件的内容，猛一看似有新意，但仔细推敲却不一定站得住脚，这时就需要请教专家、查考资料，作出判断。如有一本叫做《解构论》的稿件，作者只有初中文化水平，但研究"解构"已有十几年，自认为该理论是对爱因斯坦"相对论"的颠覆突破。若果真如此，当然是十分重大的理论突破，不宜放过出版机会。然究竟如何，则需进行认真的权威性认证。

对于很多书稿中涉及的大量史实、数据，编辑加工时要帮助作者进行资料核实，以防错讹和谬误流传。

（三）设计和处理辅文

对于说明性辅文，如说明（编辑说明、出版说明）、提要（内容简介）、凡例、序言（前言、自序、他序、译序）、后记（跋）、注释等，要简洁、准确、可靠，便于读者了解出版物的内容和正确使用出版物。

对于参考性辅文，如附录、参考书目、参考文献等，要贴合正文内容，帮助读者拓展相关知识，或诚实记载作者的资料来源以尊重其他出版物作者的成果。

对于检索性辅文，如目录（界面）、索引、书眉、检标（书标）、封皮（包括封面、封底、书脊，带面、盘面、盒面、盒脊）上的检索序号和文字等，要精心设计、合理安排，千方百计扩大读者的检索路径，方便读者检查使用。

比如索引，就可以按主题分为综合索引、主题索引、名词术语索引、人物索引、地名索引、机构索引、事件索引、书目文献索引、图题索引、表题索引等；其排列方式，可以按笔画、音序、外文等顺序排列；索引主题及对应正文中的页码，要反复核对无误，否则就会出现索引落空（如某个索引主题在编辑加工中被删除或修改了，但索引表中未作相应调整）和索引不到位（索引表中的页码与所在正文中相应的页码不一致）的现象，严重影响使用。

很多编辑人员对正文很重视，但对辅文不够重视，不愿意花费精力。其实，正文更多的是反映作者的水平，而辅文则更能反映编者的能力和技巧，在很大程度上决定着出版物的使用效能，故应当引起高度重视，给予精心设计和处理。

二、文字加工

（一）文法逻辑问题的处理

熟练运用语言文字，是编辑的基本功。编辑人员对稿件中的文字是否正确、词汇是否准确、语言是否合于语法、修辞是否精当、逻辑是否合理，乃至文风是否适应内容的需要，都要作出准确判断和精心处理。

对一些使用过程中存在争议的字、词，除勤查有关工具书外，可以参考《转发〈关于校对工作的两个建议〉的通知》（1999 年 1 月 14 日新闻出版署图管字〔1999〕第 16 号）中所列的《图书编校质量差错认定细则》（2005 年 6 月中国出版工作者协会校对研究委员会对《细则》作了修订——再版注）。该细则对文字、汉语拼音拼写、词语、语法、标点符号、数字、量和单位等的常见误写，作了择要列举，在编辑加工过程中有很强的针对性和实用性，很值得编辑人员重视和经常参阅。

语法和逻辑问题往往不易发现，编辑人员在处理稿件时尤其需要仔细推敲。语法问题比如，"毛主席的足迹走遍祖国的山山水水"一句，"足迹"与"走遍"搭配不当，应当改为"毛主席的足迹遍布祖国的山山水水"或"毛主席走遍祖国的山山水水"。逻辑问题比如，"我们要反腐倡廉，就一定要把这场反腐败斗争坚持下去不可"一句，"不可"二字颠覆了前半句的逻辑关系，应当去掉。

工具书、学术著作、文艺作品等不同类型的作品，要求不同的文风。比如"大款""大牌""酷""粉丝"这样的流行词语，用在通俗读物中，会显得生动、时尚，但用在工具书和学术著作中，就显得不够严肃。

还有些司空见惯的问题，也应当注意把握。比如"无产阶级"与"资产阶级"是对立的，但"无产阶级革命家"与"资产阶级革命家"却没有对立、褒贬之分，其在特定的历史时期都是革命的、进步的。我们过去常把"秘密工作者"称为"地下工作者"，如翻成外文，则不知所云，在地下干什么？清理下水道？当然不是。类似的情况涉及语境问题，今天的语境与当年的不同，用法也要相应调整。

（二）调整修饰

在处理局部的方法逻辑问题的同时，有时还要对整个稿件进行调整修饰，比如对篇章结构及辅文的调整，对重复部分的删节，对局部文字的改写，对整个文章的润色等。这些也都是文字加工的基本内容，是提高稿件整体水平的重要环节。

三、图片处理

图书分为两大类，一类是绘制的线条图，包括原理图、结构图、剖视图、立体图、示意图、曲线图、柱图、饼图、表图、坐标图、地图等；另一类是照片，包括黑白照片和彩色照片，又分为人物照片、实物照片、景观照片等。

(一) 线条图处理

对于线条图的处理，一是要图文照应，即图片的名称、图中的文字标注及说明与正文中相应的名称保持一致，图片的位置应尽可能贴近相应正文。

二是要比例统一，即在考虑到图片实际效果的前提下，尽可能采用统一的比例，或者某一类图片采用同一个比例。

三是要图例统一，包括图式的统一（开放式，或封闭式）、线条的统一（线条粗细、箭头表示方法）、颜色的统一、字体字号的统一（汉字字体、字号，字母大小写、正斜体）、量和单位的统一（中文名称，或外文名称）、标注方式的统一（直接在图上标注，或者数字指代、图下统一说明），等等。

四是要准确无误，并尽可能简洁美观。在对所有图片进行加工处理后，安排清绘、出样。

（二）照片处理

照片处理的内容，一是密度调整，因为照片来源不同、密度不一，故需进行调整。

二是整修，包括对古旧残破照片的质量整修，也包括对其中的内容进行整修。但对照片内容的整修得坚持实事求是的原则，不能篡改历史、伪造历史。著名的油画"开国大典"，在特定的历史时期被反复整修，其中有的人物及其在画面中的位置来回变化，这种"整修"是应当避免的。

三是色彩调整，包括明度、色相、饱和度的调整。现在我们有了 Photoshop 等图像处理软件，对图片的处理要比以往便捷高效。

四、电子音像制作和检测

对音像制品和电子出版物而言，其编辑加工过程还包括电子音像的制作和检测两个环节。这方面的工作技术性很强，通常由音像电子编辑或专业制作公司担任。

（一）制作和处理

电子音像的制作和处理工序包括：文本制作；声音录制；MIDI 音乐制作；绘画；图像处理；视频处理；动画制作。

（二）检测

电子音像的检测工序包括：样盘检测；母盘检测；在线检测。

五、技术加工

技术加工包括标准化和统一两方面的工作，目的是从语言、科学、技术等方面，执行国家及有关部门的标准和规范，贯彻本出版物的编辑体例，保证出版物的内容符合有关标准，规范、统一。技术加工是编辑加工的重要内容，是决定出版物质量的重要环节。

（一）标准化

1. 汉字使用标准

汉字的使用，首先要遵守《中华人民共和国国家通用语言文字法》（2000 年 10 月全国人大常委会通过并由国家主席令发布，2001 年起施行），以及《出版物汉字使用管理规定》（新闻出版署、国家语委 1992 年发布）。其次，在字形、字音、部首、汉语拼音拼写等具体方面，都有国家标准，也有严格的要求。

字形方面，应执行《简化字总表》（1986 年 6 月国务院批准，1986 年 10 月国家语委发布）、《现代汉语通用字表》（1988 年 3 月国家语委、新闻出版署发布）、《第一批异体字整理表》（1955 年 12 月文化部、中国文字改革委发布。其中淘汰的 15 个异体字，后来在《现代汉语通用字表》中重新收入，不再作为异体字）等标准。字形问题，因为现在多使用电脑写作、编辑，直接调用的是字库中的规范字，故不太需要作者、编者"死记硬背"。但是，作为文字工作者，应当熟知汉字的字形。

就字形的结构、笔画数和笔顺而言，也有需要注意的地方。比如"冒"和"昂"这两个字，前者上面是两横不到头的"冃（mào）"，由"冃"构成的字还有"冕""帽""瑁"等；而后者上面是两横到头的"曰（yuē）"。再如"象"这个字，旧字形为12画，第五画是短竖，与第七画的撇不相连；新字形为11画，第六画是一撇向下出框，中间不断开。

就字形的繁简、正异而言，在坚持汉字简化方向、提倡使用简化字的前提下，特殊情形下允许使用繁体字、异体字。《国家通用语言文字法》第十七条规定，可以保留或使用繁体字、异体字的情形包括：①文物古迹；②姓氏中的异体字；③书法、篆刻等艺术作品；④题词和招牌的手书字；⑤出版、教学、研究中需要使用的；⑥经国务院有关部门批准的特殊情况。《出版物汉字使用管理规定》要求，向台、港、澳及海外地区出版发行繁体字出版物，或依法影印、复制上述地区的中文繁体字出版物，须经新闻出版总署批准。

处理繁简、正异时应当注意，简化字与繁体字、正体字与异体字往往并非一一对应，一个简化字或选用字可能对应几个繁体字或异体字。比如"干"这个字，现有四大义项：一是读为

gān，解为冒犯、干涉、盾（兵器）、天干、姓，无繁体、异体；二是读为 gān，解为水分少、空、名义上的，对应的繁体是"乾"，异体有"乹""乾"；三是读为 gàn，解为躯干、做事、主管，对应的繁体是"幹"；四是读为 gàn，解为树干，对应的繁体是"幹"，异体有"榦"。反观"乾"这个字，原来有两大义项：一是读为 qián，解为八卦之一；二是读为 gān，解为水分少、空、名义上的。唯作第二个义项时，才简化成"干"。因此，繁体字的出版物，在用简化字翻排繁体字时，必须对应准确，避免出现"皇後""长徵""窗明幾净""人雲亦雲"这样的笑话和错误。

字音方面，应执行《汉语拼音方案》（1958 年 2 月全国人大公布，1982 年 ISO 承认为国际标准）、《普通话异读词审音表》（1985 年 12 月国家语委、国家教委、广电部发布）等标准。比如"呆"这个字，过去在作"呆子""呆傻""呆账"时读 dāi，在作"呆板"时则读 ái；现在则统读为 dāi。再如"血"这个字，用于书面语、复音词、成语时读作 xuè，如"心血""血泪史""呕心沥血"；用于口语、单音词时读作 xiě，如"鸡血""流了点血"。口语的"血晕"（皮肤受伤未破而出现的红紫色）读作 xiě yùn，作为学术名词的"血晕"（中医指产后因失血过多而昏厥的病症）则读作 xuè yùn。

部首方面，国家发布过《汉字统一部首表》，但各权威工具书多是根据自身特点设置查检部首的。如《辞海》设部首 250 个（2009 年《辞海》第六版彩图本设部首 201 个——再版注），《现代汉语词典》和《新华字典》设部首 189 个（2016 年《现代汉语词典》

第 7 版和 2011 年《新华字典》第 11 版均设部首 201 个——再版注），《现代汉语规范词典》设部首 210 个（2014 年第 3 版设部首 201 个——再版注）。部首的设置、查检方式，各工具书有所不同。了解这方面的知识，便于熟练查检和正确理解使用汉字，也有利于不同类型工具书的编纂。

汉语拼音的拼写方面，应执行《汉语拼音正词法基本规则》（1996 年 1 月国家技术监督局发布，1996 年 7 月实施，GB/T 16159—1996；2012 年 6 月国家质检总局和国家标准化管理委员会再次修订发布，2012 年 10 月实施，GB/T 16159—2012）、《中文书刊名称汉语拼音拼写法》（GB3259—92）、《中国人名汉语拼音字母拼写法》、《中国地名汉语拼音字母拼写规则（汉语地名部分）》等。这些规定或标准确定了汉语拼音的拼写规范及其书写格式，总的原则是以词为拼写单位，并适当考虑语音、语义等因素，同时考虑词形长短适度。

出版物中汉语拼音的拼写错误十分常见，故在编辑加工时应高度重视拼写问题，特别是人名、地名等专有名词以及特殊组合名词的拼写。比如："诸葛孔明"应拼作 Zhūgě Kǒngmíng，"老刘"应拼作 Lǎo Liú，"北京市"应拼作 Běijīng Shì，"朝阳门内南小街"应拼作 Cháoyángménnèi Nánxiǎojiē，"副部长"应拼作 fù bùzhǎng（"副"为单音节前加成分），"桌子"应拼作 zhuōzi（"子"为单音节后加成分），"山上"应拼作 shān shàng（"上"为后附方位词，分写）。

有些汉字及构成的词语容易混淆、误用，如"分"与"份"，"象"与"像"，"账"与"帐"，"作"与"做"，"定"与"订"等等，应勤查工具书，正确辨别使用。

2. 标点符号使用标准

标点符号的使用，应执行《标点符号用法》（1995 年 12 月国家技术监督局发布，1996 年 6 月实施，GB/T 15834—1995；2011 年 12 月国家质检总局和国家标准化管理委员会再次修订发布，2012 年 6 月实施，GB/T 15834—2011）。该用法没有规定到的情形，应按照不会引起误解而又简约的原则处理。比如连续的书名号之间、引号之间，可以不加顿号，写如："六""七"连用表示概数；《家》《春》《秋》的作者都是巴金。

3. 数字使用标准

数字的用法，应执行《出版物上数字用法的规定》（1995 年 12 月国家技术监督局发布，1996 年 6 月实施，GB/T 15835—1995；2011 年 7 月国家质检总局和国家标准化管理委员会发布《出版物上数字用法》，2011 年 11 月实施，GB/T 15835—2011）。该规定的基本原则是，凡是已定型的含阿拉伯数字的词语，均应使用阿拉伯数字；特殊情况可以灵活变通，但须相对统一并力求符合一般习惯；重排古籍、出版文学书刊等，仍依照传统体例。出版物中数字用法的错误非常常见，是编辑加工时应当注意的重点问题之一。

应当使用阿拉伯数字的情况有：①计数的数值，如正负数、小数、分数、百分数、比例数、物理量的量值、计数量词前的数（如3个人）；②公元世纪、年代、年、月、日、时刻；③代号、代码、序号、标号及图表中的数字。

应当使用汉字的情况有：①数字作为词素构成定型的词、词组、成语、惯用语、缩略语，或具有修辞色彩的语句中的数字；②非公元纪年，如干支纪年和夏历月日、中国历史朝代纪年；③古籍中的数字；④含有月日简称表示文件、节日和其他意义的词组（如五四运动）；⑤概数（如七八个人，十几岁）。

有的情况可用汉字，也可用阿拉伯数字，应具体分析、灵活掌握，并力求局部统一：①文学作品中的数字，一般用汉字，也可使用阿拉伯数字（如1937年12月13日日军侵占南京后，对中国军民进行了长达40多天的大规模屠杀，杀害无辜市民和已放下武器的士兵共30万人以上）；②竖排的汉字，数字与字母连用且可顺时针转90°排版时，用阿拉伯数字，其他情况则用汉字；③用"……多""……余"表示的约数，或不精确的整数，一般用汉字（如一千多年、十余人），但一组数字中既有约数也有精确数字时，为便于比较和体例一致，可统一为阿拉伯数字（如该出版社有职工300多人，其中有高级职称的30人，初中级职称的98人）。

4. 量和单位使用标准

量和单位的使用，应执行《中华人民共和国法定计量单位》（1984年2月国务院发布）和《量和单位》（1993年12月国家技术监督局发布，1994 年 7 月实施，GB3100～3102—93）的规定。除古籍和文学类出版物外，所有出版物特别是教科书和科技书刊，在使用量和单位的名称、符号、书写规则时，都应符合以上规定。概括起来有以下四个主要原则：①单位应采用法定计量单位，不得使用公制、英制、市制等非法定计量单位（特殊情况可以括注于法定计量单位之后）。②量和单位可以用中文表示，也可用字母符号表示，但需统一。③用符号表示时，物理量的符号用斜体，矢量和张量还须用黑斜体，但 pH 值例外（用正体）；单位的符号用正体，一般为小写（唯"升"的符号例外，可用大写 L），但来源于人名的单位符号其首字母大写（如瓦 W、帕 Pa）。④数学符号中，变量用斜体（如 x、y），常量、代号用正体（如 π、e、微分号 d、极大值 max、直角 Rt 等）。

量和单位的使用过程中，错误也很普遍，应予以重视。

5. 科技名词术语使用标准

科技名词术语的使用，应以全国科学技术名词审定委员会（即前身全国自然科学名词审定委员会）审定公布的各学科、专业的一系列名词术语国家标准为依据。名词术语的使用专业性很强，编辑人员很难熟记于胸，编辑加工时应当勤查有关标准，或向专业人员求教，或请专业人员帮助审改。比如某稿件中有这样一句话："美军共出动战斗机、歼击机、强击机、轰炸机、直升飞机 30 多个架次……"，其中就有两个名词术语方面的错误，一是"歼击机"又称"战斗机"，不能并列为两种机型；二是"直升飞机"的称呼不科学,应称为"直升机"。

再比如医学上关于"症""证""征"三个字的使用,也是典型的容易混淆、误用的术语问题。"症"指某一种病症,或某一种疾病的症状,多指主观感觉,组成的术语有:症候(西医)、症状、对症下药、症见、癔症等。"证"是相互关联的器官或功能紊乱的总和,是对一组临床表现的概括,概念的范围较"症"大。"证"在中医中多使用,现有时也通"症"。"证"组成的术语有:证候(中医)、表证、虚证、实证、主证、次证、适应证、禁忌证、辨证论治等。"征"指表露出来的迹象,其概念范围也较小,组成的术语有:综合征、体征、指征、征象、征兆等。

6. 参考文献著录标准

出版物中附列的参考文献的著录标准,执行《文后参考文献著录规则》(1987 年 5 月国家标准局批准,1988 年 1 月实施,GB/T 7714—87;2015 年 5 月国家质检总局和国家标准化管理委员会发布《信息与文献 参考文献著录规则》,2015 年 12 月实施,GB/T 7714—2015)。

(二)统一

统一是在执行国际标准、国家标准的基础上,按照一定的规则对稿件进行的规范化处理。

1. 人名统一

人名的统一包括以下几个方面的内容:①前后一致。如中国人章炳麟，又名绛，字枚叔，号太炎，以号行世。故若文中多处提及时，宜统一为章太炎。又如英国近代唯物主义哲学家培根，文中第一次提及时，通常写如：F. 培根（Francis Bacon，1561 ~ 1626），后文中统写作培根即可。但如文中同时还提到另一位英格兰哲学家 R. 培根（Roger Bacon，约 1214 ~ 1294），则这两个培根均应分别加名的缩写。②名从主人。西方的人名，一般是名在前、姓在后，与我们相反（匈牙利例外，与我们一样），书写时应遵从名主的习惯。③约定俗成。如明代来中国的耶稣会传教士、德国人 Johann Adam Schall von Bell（1592 ~ 1666），历史上已译成汤若望，约定俗成，不再按德文音译成中文。已有固定英文名称的中国或华裔外籍知名人士，如李四光（J.S. Lee）、李政道（T.D. Lee），应使用既定的英文名称。外国人名的汉译可参照《世界人名翻译大辞典》（新华通讯社译名室编，中国对外翻译出版公司 1993 年出版），以及各种权威的双语词典附列的译名表。④人名与相应物名的对应。一般来说，人名与以该人名命名的物名应当统一，如 A.-M. 安培与安培定律、安培力、安培表。但也有例外，如奔驰汽车的发明人 Karl Benz 译为 K. 本茨，是正译；奔驰汽车是谐译，已约定俗成。

2. 地名统一

地名统一的依据，中国县级以上地名，以每年新出版的《中华人民共和国行政区划简册》（民政部编，中国地图出版社出版）为准，其他地名以最新出版的《中国地名录——中华人民共和国

地图集地名索引》（中国地图出版社出版）为准；外国地名，可
依据《世界地名录》（中国地名委员会组织审定，中国大百科全
书出版社编辑出版）、《世界地名翻译手册》（知识出版社出版）、《外
国地名译名手册》（中国地名委员会编，商务印书馆出版），或按
照《外国地名汉字译写通则》（中国地名委员会制定、颁布）及
各种译音表译出。

3. 组织机构名称统一

组织机构名称包括：政党，国家和政府机构，军事组织和机
构，国际组织、机构和会议，学术团体、社会团体、宗教团体，
教育、科研、文化、体育、卫生等组织和机构，工矿企业、商
业、服务业等组织和机构，等等，十分庞杂。组织机构名称的统
一，应注意以下几点：①通常按所在国文字及语义译出，并遵从
各国的习惯用法。比如，同样是立法机构，美国及中南美各国等
称国会（Congress），由参议院（the Senate）和众议院（the House
of Representatives）组成；英国称议会（Parliament），由上议院
（the House of Lords）和下议院（the House of Commons）组成；
法国也称议会（Assemblée，对应英文 Assembly），但由参议院
（Sénat，对应英文 Senate）和国民议会（Assemblée Nationale，对
应英文 National Assembly）组成；俄罗斯称联邦会议（Федеральное
Собрание），由联邦委员会（Совет Федерации）和国家杜马
（Государственная Дума）组成。②同一个组织机构在文中的译名
应当统一，且第一次出现时最好应括注原文。③采用中文简称或

字母缩写时，应按照通用的原则。

4. 外文统一

外文统一应注意以下问题：①不同文种在字母大小写、正斜体方面的规定有所不同。②不同文种的标点符号用法有所不同。如书名号，英文、法文等则用""或书名排斜体表示，俄文则同中文；又如括号，俄文用∥表示，英文、法文等则同中文。③生物学名称的拉丁文学名，"科"以上名称排正体且首字母大写，"属"以下名称排斜体、皆小写；但所有学名附属的各种标记及命名人排正体，且命名人首字母大写。④用外文字母符号表示的量和单位的用法，如前文"量和单位使用标准"所述。

5. 地图绘制依据统一

所有涉及中国疆域的现代地图，应依据中国地图出版社最新版的"中国地图"编制并统一。

6. 正文与辅文的统一

7. 作品与权威工具书的统一

六、校对

校对是编辑工作的重要内容，专业校对是出版流程中不可缺少的环节。按照《图书质量保障体系》（1997 年 6 月新闻出版署第 8 号令）及《关于加强校对工作实施〈图书质量保障体系〉的建议》（1999 年 1 月新闻出版署图管字［99］第 16 号）的有关规定，出版流程中要坚持三校一读制度和责任校对制度。

（一）三校一读制度

"三校一读"是校对工作的基本制度，即一般的出版物的专业校对不应低于三个校次，重点出版物和工具书等则应相应增加校次；终校（三校）和通读检查必须由本社具有中级以上职称的专业校对人员担任。

校对工作就其功能而言，有"校异同"与"校是非"之分。校异同是发现校样与原稿的相异之处并予以改正，即比照原稿改错。随着电脑写作的普及，原稿普遍电子化，校异同在新技术条件下有所转化，现多侧重于发现并纠正电脑录入时的误认、误读、错键、漏键及病毒引发的错误。校是非是发现原稿本身的错漏、不当之处并予以改正，即主动挑错、改错。校对人员的校是非是对编辑人员编辑加工的重要补充，通常以质疑形式提出错误，交责任编辑认定、改正，也可经过授权由校对直接改正。

一般来说，一、二校以校异同为重点，三校和通读检查以校是非为重点。

（二）责任校对制度

责任校对由出版社指定专业校对人员担任，参加出版物校对工作的全过程，负责各校次的文字技术整理，参与终校和付印样的通读检查，应当在出版物上署名以对整个校对质量负责。

文字技术整理的内容包括：检查原稿与校样，清点页码是否衔接；根据发稿单分别校对封面和书名页，保持相关项目的一致；检查核对目录、标题、附录与正文的页码是否一致；检查书眉与正文标题是否一致；检查脚注与正文注码是否对应；检查参见、索引、注释、说明系统的内容及页码是否一致；等等。

通读检查是责任编辑和责任校对的共同职责，目的是在出版生产的最后环节把好最后质量关。

七、编校质量

编辑加工的最终目标是帮助作者同时也是为出版社把好产品质量关，使出版物具有良好的编校质量。

新闻出版署颁发的《图书质量管理规定》《图书质量保障体系》《转发〈关于校对工作的两个建议〉的通知》中，对图书（实际上也适用于各类出版物）的编辑质量，提出了明确的要求，给出了操作性很强的编校质量认定标准。

《图书质量管理规定》将图书质量分为内容质量（选题和内容质量）、编校质量（编辑加工和校对质量）、装帧设计质量和印刷装订质量4个方面。编校又分为合格、不合格2个等级，并给出了《图书编校质量差错率的计算方法》。《转发〈关于校对工作的两个建议〉的通知》则给出了《图书编校质量差错认定细则》，从文字、词语、语法、标点符号、数字、量和单位、版面格式等

7个方面，指出了常见错误和认定准则。

　　《图书质量保障体系》则从编辑出版责任机制、出版管理宏观调控机制、社会监督机制3个方面，对保障出版质量提出了明确要求。

出版流程之出版设计

经过编辑加工的出版物在进入印刷复制环节之前，需要进行出版设计，包括装帧设计和标识设计两个方面。

一、装帧设计

装帧设计是通过艺术构思和技术选择，对出版物的材料、开本、印装工艺、封面、版式等进行设计，从而反映出版物的内容、品质和风格，提高出版物的表现力和对读者的吸引力的过程。装帧设计是一种艺术性和技术性相结合的创造性劳动，具有艺术装饰性和实用性两方面的要求。

（一）整体设计

包括开本设计、材料设计和印装工艺设计。

1. 开本设计

开本即书刊幅面的大小。把一张印刷用纸平均折成多少

页（小张，相当 2 个 page），就称多少开本；或者一张印刷用
纸单面所能印刷多少个页面数（page），就称为多少开本。由于
印刷纸本身的幅面有不同的规格尺寸，因此，同一开本的实际
尺寸也不完全相同。书刊常用的开本有 32 开、16 开、8 开，以
及 128 开、64 开、50 开、24 开、6 开等。同是 32 开，印刷纸
尺寸为 787mm×1092mm 时，开本尺寸为 184mm×130mm，称
为"小 32 开"；印刷纸尺寸为 850mm×1168mm 时，开本尺寸为
203mm×140mm，称为"大 32 开"。

为统一印刷纸及其开本的规格，原国家出版局参照国际标准，
制定了《图书杂志开本及其幅面尺寸》（国家标准局 1987 年 2 月
发布，1987 年 12 月实施，GB788—87；1999 年 11 月国家质量技
术监督局修订并批准《图书和杂志开本及其幅面尺寸》，2000 年 5
月实施，GB/T 788—1999）。这个标准将开本及其幅面尺寸分为 A、
B 两大系列：A 系列未裁切单张纸尺寸为 880mm×1230mm 和
900mm×1280mm 两种，分别裁切成 16、32、64 开后，代号为
A4、A5、A6；B 系列未裁切单张纸尺寸为 1000mm×1400mm，
裁切成 32、64、128 开后，代号为 B5、B6、B7。按照这个标准，
原 787mm×1092mm、850mm×1168mm 等规格的纸型及开本尺
寸为非标准开本，应在 2000 年之前淘汰。但实际上，旧的开本
标准目前仍在使用。

开本应根据书刊的类型、性质设计选用，不同的开本有不同
的审美意义。比如同是 32 开，787mm×960mm 的 32 开，开本尺

寸为 184mm×112mm，称为"窄 32 开"，开本狭长，显得俊秀小巧，多用于通俗读物和文艺作品；前文所述的"小 32 开"，广泛用于普通读物，又称为普通 32 开；前文所述的"大 32 开"，开本尺寸明显较大，显得庄重、严谨，适用于经典的和学术理论著作；而国际规定的 32 开（A5），开本尺寸为 210mm×148mm，开本博大且比例匀称，其对角线与长、宽之比为 5 ∶ 4 ∶ 3，是国际通行的开本，典雅、大方、时尚。

此外，16 开本常用于大型工具书、科技著作、大中学教科书、杂志等；24 开本常用于普通画册；6 开本、8 开本常用于精美画册；64 开本、50 开本小巧玲珑，多用于随身携带的小字典、小手册，以及所谓的"口袋本"通俗读物。

2. 材料设计

出版印刷材料包括纸张、油墨、感光材料和装订材料。

印刷纸张品种规格繁多，按性能和用途可以分为新闻纸、凸版纸、胶版纸、铜版纸、画版纸、字典纸、书皮纸和板纸等。一张全纸每平方米所规定的克重（g/m^2）称为定量，习惯上简称为××克纸。

新闻纸俗称"白报纸"，定量一般有 40 克、48 克、50 克、51 克重几种。新闻纸质地松软、吸墨性强、抗张强度高，适于高速轮转印刷报纸和一般期刊；但在光照下和存放日久后，因光合作用而易发黄变脆，故不宜用于需长久保存的书刊。

凸版纸定量有 52 克、60 克、40 克几种。凸版纸纸质均匀、纸面平滑、色泽较白，印刷适应性较好，过去普遍用于印制书籍；其中 40 克的又称薄凸版纸，是字典纸的代用品。随着人们对书籍质量要求的提高，书刊越来越趋向于性能更好的胶版纸。

胶版纸是在纸浆中进行了加填、施胶，纤维组织均匀，伸缩性小，纸质平滑、细腻，印刷适应性好，多色胶印印刷时套印准确、图像清晰。1949 年以前，中国用的胶版纸主要从英国道林造纸厂进口，故俗称"道林纸"。胶版纸有双面胶和单面胶之分。双面胶版纸定量在 70 ～ 180 克之间，平滑洁白，是现代最常用的书籍用纸；单面胶版纸定量在 55 ～ 80 克之间，正反面差异较大，主要用于印制单面挂图、年画、广告招贴画等。

铜版纸是在原纸表面涂布白色涂料并经压亮而成的高级印刷纸，学名"涂料纸"，俗称"铜版纸"。铜版纸定量在 80 ～ 250 克之间，有单面、双面之分。纸质均匀、伸缩性小，白度高，光亮、平滑，吸墨量小，印品色彩鲜艳、层次清晰，适于画册、画报、图片、书刊封面等的高档彩色印刷。但铜版纸不耐折叠。

顾名思义，画版纸、字典纸和书皮纸，各有特定的用途。

板纸又称"纸板"。较薄的板纸定量在 150 ～ 220 克之间，主要用于软面精装或精、平装书脊的脊背；较重的板纸定量在 300 克以上，多用作硬面精装书籍的里衬材料。

油墨的性能及选用与印刷方式、纸张品类、印刷要求相关。

感光材料有黑色感光片和彩色感光片之分。前者用于复制照相、制取拷贝图书、制取照排文字图片等；后者分为正片、负片、反转片。

装订材料分为 4 类：一类是制作精装书封面、封套的板纸、织物、漆布、漆纸、皮革、人造革等，二类是金属箔、彩色粉箔等烫印着色材料，三类是蜡线、麻线、丝线、铁丝、合成线等缝订材料，四类是天然的、人造的或合成的装订用胶。

材料设计就是要根据出版物的内容特性、使用要求和成本定价要求，对上述各类材料进行合理选择和搭配，以期取得最佳效果。

3. 印装工艺设计

印装工艺设计包括印刷工艺的选择和装订方式的选择。

印刷工艺分为凸版印刷、凹版印刷、平版印刷（主要指胶印，也包括珂罗版印刷）、孔版印刷（主要指丝网印刷，也包括誊写版油印）4 大类。企业内部利用轻小型印刷设备快速、少量印刷出版物的，通常称为"轻印刷"。

装订方式有平装、精装和线装几种。平装书在国际上通称为"纸皮书"，又有铁丝订、骑马订、缝纫订、锁线订、无线胶订之分。精装书在国际上通称为"硬皮书"，外观样式有圆脊和方脊之分，有的高级精装还包括腰封、函套等。线装为中国传统的书籍装订形式。

印装工艺设计时，要综合考虑印刷厂、装订厂的设备性能和工人的技术水平，还要考虑出版物的内容特性和选用材料的特性。

（二）封面设计

封面是以纸张或其他装帧材料制成的书刊表面覆盖物，是书刊的"外衣"和识别标志，兼有保护和装饰美化书刊的作用。又称封皮、书衣。精装本的封面也称书壳。有的精装本还在封面之外加装护封（包封或腰封），甚或加装专门的函套（书盒）。封面是书刊最先与读者接触的部分，读者通过封面对书刊的性质内容有所了解，对书刊的美有所感受。封面设计从属于书刊的内容，又具有一定的独立性。

1. 封面设计

通常所说的封面由覆盖在书芯前、后的 4 个页面构成，又称"四封"。书芯之前的称前封面，其正面的称封面、封一，靠书芯的一面称封里、封二；书芯后面的称后封面，其外表面称封底、封四，靠书芯的一面称封底里、封三。封面封底相连而护住书芯订口一侧的部分称书脊或封脊、脊封。骑马订的薄本书刊没有书脊；线装书的封面与封底不相连接而订口裸露，有脊无封。

（1）封面文字。传统的设计是在封一上方设置书名和著译者名称，称为书冠；下方设置出版者名称，称为书脚；书脊由上而下设置书名、著译者名称、出版者名称及标识。现代封面往往灵活设计，不受此限。通过字体（印刷体、美术体、手写体）、大小、排列位置的选择，和疏密相间、明暗对比、阴阳文并用等手法，以及汉语拼音、外文的配用，进行点、线、面造型和版面空间分割，在明白、正确地表现书刊内容和特性的同时，产生主次、庄谐、轻重、刚柔、温凉等感觉，体现设计思想。

（2）图案。通过直接描绘书稿内容、选用图案符号和几何图形、绘画、摄影照片等方式，以写意、写实、抽象、象征、比拟、隐喻等手法，表现书刊的主题、性质、倾向、风格和情调。

（3）色彩。封面色彩不同于一般的绘画色彩，通常要有较强的装饰性。一般根据书刊内容和性质选择一个基色，其他色彩以此为基调达成和谐统一。通过色彩的选择、配置、对比和整体布局，引发读者的生理刺激和心理联想，产生冷暖、虚实、明快抑郁、兴奋沉静、华丽朴实、轻重、刚柔等感觉，衬托主题，体现格调。

（4）肌理。通过不同质地装帧材料的选择，获得布纹、皮纹、木纹等自然韵致，以及粗、细、平、毛、光、涩等纹理，和冷、暖、轻、重、软、硬等美学体验。

封面的文字、图案、色彩、肌理互相依存和衬托，应当根据书稿内容、特性和读者对象，进行整体设计构思和统筹安排，达到要素醒目、提示清晰、富有美感、激发阅读情趣的效果。多卷本套书的封面通常基本一致，通过文字、符号以示区别。系列丛书的封面设计，风格要协调一致，但每册的图案和色彩通常有所区分。

精装书的封面（书壳），有软面与硬面、圆脊与方脊之分。软面书壳通常用厚而坚韧的纸；硬面书壳用板纸做芯，外裱印刷纸、涂料纸、漆布、人造革、皮革、棉、亚麻、丝绸等面料。圆脊典雅端庄，翻阅时书页能完全摊平，便于阅读；方脊挺实有力，但因订口固定而不易摊平，不适于太厚的书。书壳在订口处起脊，其他三边略大于书芯，伸出部分称为"飘口"。

2. 护封设计

精装书除封面（书壳）之外，有的带有"护封"。护封是包裹在硬面书壳之外的较为坚韧厚实的纸张，与封面不粘连，也称包封、护书纸。其幅面较封面宽，宽出的部分通常在 3～4cm 以上乃至封面宽度的 2/3 左右，以便内折而裹住前后书壳，称为"勒口"。

护封的作用主要有三个：一是保护书籍，防止污损，这也是"护封"之名的出处。二是增强宣传效果，刺激购买欲望，因此，护封上多印有宣传介绍文字和图像；勒口也充分利用，通常印有内容提要、作者简介等文字。三是弥补硬面书壳材料上难以烫压出精致、细小、色彩鲜艳的文字和图案的工艺局限，为此，将硬面书壳设计得非常简洁乃至不着文字和图案，而将护封设计得很精美。多数情况是三个作用兼而有之。有的护封之外还再加裹一个窄条的"腰封"，进一步突出宣传作用或装饰效果。

护封的设计与封面设计基本相同。总的来说，护封与书壳的设计应各有侧重，相得益彰。随着印刷工艺水平的提高，以及降低印装成本、崇尚简约之风的需要，护封与封面有逐渐回归于一体的趋势。著名的精装出版物《现代汉语词典》《辞海》《中国大百科全书（简明版）》等，已不再加设护封。

3. 函套设计

函套是装置珍贵书籍的匣盒，主要起防损、防污、防潮等保护作用，也称封套、书套、书盒、书匣。多用硬纸板做成，也有用木板制作的。函套源于中国古代书卷的包装。古代书卷著述、抄录不易，简、牍编连成册后，多分卷卷起来以布包裹、以带子捆扎，其包书布称为"书衣"或"帙"；抑或盛放在匣盒中。出现线装书后，更是多加书套保护，或前后左右四面围住，称为四合套；或六面全封，称为如意套、六合套；更珍贵的书籍，还专门制作木匣盛放。

现代的函套仅用于少数珍贵的书籍、成套图书，或精装儿童读物等"礼品书"。多用硬纸板做成三面封闭、书脊一侧开口的开口盒；也有在开口处连着插盖，形成加盖盒。函套设计重在选择材质、利用本色，除书名文字外，较少装饰图案。采用木盒的则更为珍贵，多加漆饰。

书籍外加函套，固然精致豪华，但会大大增加书籍成本与定价，不宜提倡。

（三）版式设计

版式即书刊内容的编列、排版格式，是书刊内容在版面上的基本表现方式。版式设计又称版面设计。

1. 版心设计

开本的每一个印面称为"版面"，版面的大小取决于开本的大小。版面上通常不是全部着墨印刷，而是四周留出空白，中间着墨，着墨部分叫做"版心"。

版心的上、下留空部分分别叫"天头""地脚"，装订侧的空白叫"订口"，另一侧的空白叫"切口"。版心设计就是要根据书刊的内容特点及相应的阅读、欣赏要求，确定版心的大小、位置及四周空白的比例，做到虚实照应、对比协调；同时，还要考虑到书眉、页码、脚注等说明文字的位置及表现形式。有的书刊，为突出其中图片的特殊效果，设计为直抵天头、地脚或切口，称为"出血"。

2. 排列方式设计

排列方式包括正文与辅文的排列次序及区隔，正文中文字、符号、公式、表格、图片、色彩的表达与配合协调，篇、章、节或词目、条目的标题文字与正文文字规制及相互之间的逻辑关系等。大开本、大版心的书刊通常将正文分为两栏甚或三栏排列，以栏线或栏空分隔。设计排列方式时要考虑对称、对比、对照、方向、均衡、分割等视觉美学原理。

3. 字体字号设计

字体、字号的选择及其纵、横排列，字符间距和行距的安排，主要文字与说明文字（如图注、表注、图中说明文字、表内文字、随文括注文字、引用段落文字、参见文字）等的搭配，能产生不同的风格、情调和视觉效果。如宋体端正、楷体柔和、仿宋秀丽、黑体醒目，应据书刊内容特点选择。字号的大小和排列的疏密，既决定书刊的容量，又反映查检、阅读、鉴赏等不同的视觉需求。各级标题和词头、条头与正文，分别用不同的字体、字号标示，并辅以占行、高低、留空、加色等编排，可达到层级分明、铿锵有节、协调有序的效果。

4.图片设计

图片的设计，应根据书刊中文字与图片的比例和图片的类型（人物、景物、绘图、照片等），或以文带图、图为点缀，以文字环绕图片；或以图为主、辅以文字，以文字的适当排列，说明和衬托图片；或文图并重、互为映衬。全书的图片，既要布局均衡、色彩协调，又要幅有大小长宽、位有高低左右，做到错落有致；图片与文字的关系要相应、相得。

（四）附件设计

装帧设计的延伸内容，是对环衬、扉页、版权页、辑页、辅文等进行设计。

1.环衬设计

环衬是封面与书芯之间的连接页，用以加固封面（封皮、书壳）与书芯的粘接，保护其后的扉页。封二与书芯之间的称前环衬，书芯之后与封三之间的称后环衬，有的书为节约起见不设后环衬。环衬一般选用比书芯页稍厚且质地坚韧的白纸或有色纸张，可不着文字、图案，也可印上淡雅的图案或图片以反映图书的主题，还可印上便于阅读本书的地图、图表、年表、检索表等，还有的图书在前环衬上印制题献或防伪水印。

2.书名页（扉页和版权页）设计

按照《图书书名页》国家标准（2001年12月国家质检总局

修订并批准，2002 年 8 月实施，GB/T 12450—2001），书名页是指图书正文之前载有完整书名信息的书页，包括主书名页和附书名页。主书名页正面习称扉页，主要印载书名、作者和出版者；主书名页背面习称版权页，主要印载版权说明、在版编目数据和版本记录，有的还在版权页上方印载内容简介。附书名页用于多卷书、丛书、翻译书，置于主书名页之前，通常在其背面即与主书名页正面相对的双页码面，列载多卷书、丛书、翻译书的总书名、丛书名或原著书名，主编及作者群、编辑群名单或原著作者，原著出版者及出版信息等。需要列载较多信息时，可以使用附书名页正面或增设附书名页。丛书的附书名页也称辑页。

书名页的设计应以能够准确传达出版信息、易于识别为主，通过不同字体和区位分隔传递不同信息。有的出版单位习惯于将版权页设置于书芯之后、封三之前，这样做不便于读者快速了解有关出版信息，也不符合国标的要求。

3. 辅文设计

辅文包括说明（编辑说明、出版说明）、凡例、序言（前言、自序、代序、他序、译序）、后记（跋）、注释（脚注、括注）、目录（界面）、索引、书眉、检标（书标），以及附录（附表）、参考书目等。

辅文的设计应与版式设计的风格协调一致，字体、字号与正文有所区别。注释、书眉、检标等的字体通常较小；目录、索引、附录等容量较大、单行文字较少的辅文，可小字、分栏排列，对应正文中的页码应核准无误；正文前的辅文通常单排页码，正文及正文后的辅文则连排页码。

二、标识设计

标识包括版权标识和出版记录，是反映著作、翻译、编辑、出版、印制、复制、发行等权利人的权利和记录出版的基本信息的识别标记。标识的内容，有规定，也有惯例，应当齐全、准确。标识的设计，在于有关信息的合理设置和安排，在于实用、有效。标识设计应当是责任编辑和出版设计者共同考虑的问题。

（一）版权标识

1. 书名页标识

书名包括主书名和副书名，总书名和卷名、卷次，丛书名，译著名和原著名，有的书名还应包括必要的版次说明。书名标识通常列于封面、书脊、扉页和版权页 4 个位置；多重书名的，还应按前文"书名页设计"的要求，分列于主书名页正面上方和附书名页。

2. 作者标识

作者即著作权利人，包括著者、编者、翻译者、校订者几种情况。作者署名为"著""编著"或"编"时，应当与相应事实吻合。著者、编者为较大群体时，通常只在主书名页正面的书名之后列出主编、副主编，而将编写组或编委会名单列于附书名页；翻译者、校订者通常紧列于原著者、著者之后。连续修订再版的，通常在主书名页正面和附书名页列出各版次作者，以尊重全部著作权人权利。

3. 出版者和出版工作人员标识

出版者即出版社、出版公司，通常为特定字体的文字，并设计有公司图案标识。出版者名称和图案通常随书名列于 4 个位置。较重要的或大部头的书刊，通常在主书名页背面或附书名页列出策划人、责任编辑、装帧设计、责任校对、责任印制等出版工作人员，乃至出版社主编、总编、社长等出版权利人。列于主书名页背面的出版者通常还加附通讯地址、电话、网址等联系方式，便于读者联系。

4. 标准书号标识

标准书号是统一制定的标识每一种图书的每一个版本的唯一代码。国际上制定有国际标准书号（International Standard Book Number，缩写 ISBN），由 13 位阿拉伯数字组成，分成 5 节，依次为图书产品编码（978）、组号（代表国家、地区、语言或其他组织集团）、出版社号（由国家标准书号中心分配）、书序号（由出版社分配）、校验码。中国标准书号（China Standard Book Number 缩写 CSBN。GB5795—86；GB/T 5795—2002；2006 年 10 月国家质检总局和国家标准化管理委员会修订发布，2007 年 1 月实施，GB/T 5795—2006）包含国际标准书号，是在国际标准书号之后，附加"图书分类——种次号"构成，附加部分与国际标准书号之间用水平线或斜线隔开。图书分类号采用 1 ～ 2 个大写汉语拼音字母标识，由出版社根据图书的学科范畴参照《中国图书馆图书分类法》给出；种次号是出版社出版的同一类图书的流水号，由出版社自编。

与标准书号相应的，有关于报纸和期刊的国际标准刊号（ISSN）和中国标准刊号（CSSN。GB9999—88；2001 年 11 月国家质检总局修订并批准《中国标准连续出版物号》，2002 年 6 月实施，GB/T 9999—2001）、关于音像制品的国际标准录音制品编码（ISRC）和中国标准音像制品编码（CSRC。GB13396—92；2009 年 9 月国家质检总局和国家标准化管理委员会发布《中国标准录音制品编码》，2010 年 2 月实施，GB/T 13396—2009）。这些，就是通常所说的书号、刊号、版号。

国际标准书号标识印记在"图书在版编目数据"和"条码"之中，含有国际标准书号的中国标准书号还应印记在封底或护封封底下方（通常位于定价之前）。

5. 图书在版编目数据标识

图书在版编目数据（Cataloguing in publication data in the book，简称 CIP data。GB12451—90；2001 年 12 月国家质检总局修订并批准，2002 年 8 月实施，GB/T 12451—2001）是按照中国国家标准编制的反映本书目基本信息的数据。包括著录数据和检索数据两部分。著录数据包括书名与著作责任者项、版本项、出版项、丛书项、附注项、国际标准书号项 6 项；检索数据提供检索途径，包括图书识别特征的检索点和内容主题的检索点。

图书在版编目数据标识印记在主书名页背面上方。

6. 条码和附加码标识

条码又称条形码，是国际物品编码协会编制的商品的代码标记，用粗细相间的黑白线条表示相应的数字，印在商品包装上，用于计算机识别。作为商品的每一种书、刊都有自己独有的条码作为唯一的识别标记。图书的条码（GB/T 12906—20011；2008年1月国家质检总局和国家标准化管理委员会修订并发布《中国标准书号条码》，2008年8月实施，GB/T 12906—2008）由代码结构和条码结构两部分组成。代码结构包括前缀号、数据码、校验码（数值为1时，用x表示），前缀号"978"是国际物品编码协会分配给国际标准书号系统专用的（分配给国际标准刊号系统专用的为"977"），数据码是不含最后一位数字（图书校验码）的国际标准书号，校验码是指"通用商品条码"的检验码；条码结构由与代码结构对应的一组线条表示。

条码标识印制在封底或护封封底左下角，也可根据需要印在封二左上角。

图书重印时，若只改变定价而不改变内容和装帧设计，则不必改变书号和条码，而只需在条码后加印附加码。

（二）出版记录

出版记录包括版次、印次、印数和容量，一般印记在主书名页背面的下方，置于中国标准书号和定价之前。

1. 版次

图书等出版物的内容经过较大的、实质性的修改（修订的内容通常超过三分之一）后重新排印出版，称之为"再版"或"重版"，原来的版本称为"初版"。初版和再版的次数称为版次，依次为第 1 版（初版）、第 2 版……。版次只反映出版物内容的重大变化，与"种数"不同。一"种"图书，指的是同一书名、同一内容、同一装帧设计、同一定价的图书；若内容虽无改变，但其他项有所改变（如改变了书名，改变了装帧设计的精、平装方式），即不视为一种图书。

2. 印次

图书每重新印刷一次，即计为一个印次。重印前可在原纸型上进行少量字、句的改动，这种不涉及重大内容变化的仍称为重印而不是再版。

印次从第 1 版第 1 次印刷开始累计计算。如某书第 1 版印了 3 次，第 2 版首印时，应标记为第 2 版第 4 次印刷，而不是第 2 版第 1 次印刷。不少图书的印次是每版分开标记，这种标记方式是错误的，因为它不能标示出总印次。

3. 印数

印数也应从第 1 版第 1 次印刷的数量开始累计计算，以前几次印刷的印数之和为起点，以连同本次印刷的印数之和为终点，标如"印数：1001001 ～ 1006000 册"。这样，既可看出累计印数

（1006000 册），又可看出本次印数（5000 册）。不少图书的印数标记方式是每印次分开标记，这种标记方式也是错误的。

4. 容量

容量包括一本书的开本、印张和字数。开本用印刷纸尺寸和折页数表示，例如"850 毫米 ×1168 毫米 1/32"。印张一般计算到 0.125，如有 10.625 印张、10.750 印张。字数以"千字"为单位。

出版规范与图书质量泛论

质量即产品或工作的优劣程度。

作为一种特殊的产品，图书具有物质和精神的双重属性，担负着传承物质文明和精神文明成果、参与精神文明建设的双重职能。因此，图书质量应从物质和精神两个方面来衡量。在我国，提高图书质量对于物质文明建设和社会主义精神文明建设具有双重意义。

作为社会主义精神文明建设的重要组成部分，图书出版工作与理论、新闻、文艺、对外宣传等宣传思想工作一样，要坚持马列主义、毛泽东思想和邓小平理论；坚持党的基本路线和各项方针、政策；坚持"二为""双百"方针；坚持江泽民同志倡导的"以科学的理论武装人，以正确的舆论引导人，以高尚的精神塑造人，以优秀的作品鼓舞人"的指导思想。按照《出版管理条例》的要求，"传播和积累一切有益于提高民族素质、有益于经济发展和社会全面进步的科学技术和文化知识，弘扬民族优秀文化，促进国际文化交流，丰富和提高人民的精神生活"。

作为一种物质生产过程，图书出版工作与其他物质生产一样，具有一定的生产规律。把握和遵循图书生产的一般规律，掌握和遵守图书出版的一般规范，对于保证和提高图书质量，满足一定历史时期的社会消费需求，具有重要意义。新闻出版署 1997 年 3 月 3 日颁发的《图书质量管理规定》，从管理的角度，将图书质量管理的范围概括为选题、内容、编辑加工、校对、装帧设计、印刷装订等 6 个方面，并归并为内容质量、编校质量、装帧设计质量、印刷装订质量 4 项。本文则试图从图书编撰出版过程中涉及的各种规范与图书质量的一般关系入手，从政治、学术、技术、经济 4 个方面，讨论如何提高图书出版质量。

一、遵守政策规范，保证政治质量

图书出版工作既然是党的宣传思想工作的一个重要方面，就必然要遵循党和国家的出版方针，遵守出版行政管理部门的有关规定，从而保证图书本身符合一定的政策规范，具备一定的政治质量。对此，要考虑 4 个层面的问题。

1. 禁止性选题应杜绝于出版之前。

禁止性选题是国家有关法规明令禁止出版的选题，这类选题一律不得安排出版。已经出版的，属非法出版物，其政治质量完全不合格,应予查禁并追究有关单位和个人的法律责任。按照《出版管理条例》第二十五条的规定，这些选题包括以下 8 类：

（1）反对宪法确定的基本原则的；

（2）危害国家的统一、主权和领土完整的；

（3）危害国家的安全、荣誉和利益的；

（4）煽动民族分裂，侵害少数民族风俗习惯，破坏民族团结的；

（5）泄露国家秘密的；

（6）宣扬淫秽、迷信或渲染暴力，危害社会公德和民族优秀文化传统的；

（7）侮辱或诽谤他人的；

（8）法律、法规规定禁止的其他内容的。

2. 重大选题应备案于出版之前。

重大选题是指涉及国家安全、社会安定等方面的内容，对国家的政治、经济、文化、军事等会产生较大影响的选题。按照新闻出版署 1997 年 10 月 10 日颁发的《图书、期刊、音像制品、电子出版物重大选题备案办法》，重大选题须按规定手续向新闻出版署备案。未经备案而出版的，属违规出版物，其政治质量属不合格。这些选题包括以下 15 类：

（1）有关党和国家的重要文件、文献选题；

（2）有关党和国家曾任和现任主要领导人的著作、文章以及有关其生活和工作情况的选题；

（3）涉及党和国家秘密的选题；

（4）集中介绍政府机构设置和党政领导干部情况的选题；

（5）涉及民族问题和宗教问题的选题；

（6）涉及我国国防建设及我军各个历史时期的战役、战斗、工作、生活和重要人物的选题；

（7）涉及"文化大革命"的选题；

（8）涉及中共党史上的重大历史事件和重要历史人物的选题；

（9）涉及国民党上层人物和其他上层统战对象的选题；

（10）涉及前苏联、东欧以及其他兄弟党和国家重大事件和主要领导人的选题；

（11）涉及中国国界的各类地图选题；

（12）涉及香港特别行政区和澳门、台湾地区图书的选题；

（13）大型古籍白话今译的选题（指 500 万字以及 500 万字以上的项目）；

（14）引进版动画读物的选题；

（15）以单位名称、通讯地址等为内容的各类"名录"的选题。

此外，有关古旧小说，应按新出图字［92］1109 号文件、新出图字［93］612 号文件限社出版，有的还要报新闻出版总署审批；有关性知识、性科学方面的图书，应按新出图字［88］1351 号文件，限社出版，经有关主管部门审批后再报新闻出版总署备案。

重大选题并非一成不变，新闻出版总署会根据情况适时调整颁布，出版工作者应随时注意。

出版单位向新闻出版总署申报重大选题备案时，应当填写备案登记表并提交下列材料：①备案申请报告；②选题、书稿、文章、图片或者样片；③出版单位的上级主管部门或所在地党委宣传部门的审核意见。

3. 限制性选题的自律。

限制性选题是指因出版分工而限制某些出版社出版的特定选题。出版分工是规划出版结构，鼓励各出版社发挥自身优势，保障我国出版事业均衡、合理、健康发展的必要手段。出版分工也有其不合理性，主要表现在：某些出版社的出书范围与一定时期的社会需求是一致的，有利于创造较高的经济效益；另一些出版社的出书范围与一定时期的社会需求不甚吻合，难于创造较高的经济效益。然而，必须认识到，社会需求本身具有随时间而演变的相对性，图书类型则具有引导社会需求的主动性；更重要的是，我国尚处在社会主义初级阶段，国民的整体文化水平尚且不高，政府对于出版物品种类型的宏观调控作用尚不能完全取消，这就决定了出版分工在一定历史时期还必须存在下去。有鉴于此，出版者必须遵守出版分工原则，安排图书出版。超越出书范围出书，必然违反有关管理规定，其图书的政治质量不能被认为合格。除对各出版社核定的出书范围外，新闻出版总署等部门先后下发了15 个专项管理文件，规定以下 9 类选题必须由指定的出版社出版：

（1）党代会、人代会文件汇编。应按新出图字［91］276 号文件限社出版。

（2）法规汇编。按国务院 1990 年 63 号令、新出图字［91］1550 号文件，分别由有关部门汇编，限社出版。

（3）年鉴、名录。应按国办发［89］11 号文件、出编字［86］367 号文件、图管字［88］58 号文件，限制并限社出版。

（4）中小学复习资料。应按新出发字［91］1034 号文件，由省以上教育主管部门审定，限社出版。

（5）外国学术、政治著作。应按中办发［84］39 号文件，限社出版。

（6）描写犯罪内容的文学作品。应按出版字［85］494 号文件，限制并限社出版。

（7）新武侠小说。应按新出图字［92］1109 号文件，限社出版。

（8）人体美术图书和挂历。应按新出图字［89］776 号文件、新出图字［92］1109 号文件、新出图字［92］1803 号文件、新出图字［93］369 号文件，限制并限社出版。

（9）地图。应按国发［80］183 号文件、国发［83］120 号文件、国办发文［85］38 号文件，由国家测绘局等部门审查，限社出版。

4. 政治术语的使用。

图书稿件中，往往会涉及一些政策性较强的术语。对此，必须执行国家有关规定，或参照有关文件，或援引有关权威工具书的成例，正确使用政治术语。否则，提法失当，也会犯政治错误，影响图书的政治质量。政治术语涉及的范围很广，且随社会的发展变化而变化，试归纳为如下几类，以期引起注意。

（1）中国近现代历史上时期和政权的提法。如中华民国（1912～1949）各个时期政府的提法，1949 年以前中国共产党领导下的人民政权的提法，1966 ～ 1976 年这一时期的提法等。

（2）中国现当代政治事件的提法。如"1989 年春夏之交的政治风波"不称"六四事件"，"四五事件"不称"天安门事件"。

（3）现当代政治生活的提法。如"中国共产党领导的多党合作和政治协商制度"不称"中国共产党领导下的多党合作和政治协商制度"；民主党派"成员"不称"党员"等。

（4）中国现当代政治、军事人物饰语的提法。如什么样的人称马克思主义者，什么样的人称无产阶级革命家，什么样的人称政治家，什么样的人称军事家。

（5）中国的台湾、香港、澳门地区在单独提及时的提法，在与中国及其他国家和地区并提时的提法。

（6）对台湾当局的组织机构及台湾领导人的职务的表示方法。

（7）现当代外国政治事件的提法。如 1991 年苏联"8·19 事件"不称"苏联解体事件"。

（8）现当代外国政治人物一般不加"政治家"等饰语的惯例。

二、遵循学术规范，保证学术质量

在保证政治质量的前提下，学术质量的高低就在很大程度上决定了图书的社会效益；同时，是否具有一定的学术质量，又是决定一部书稿能否出版成书的前提条件。这里说的学术质量包括科学价值、思想价值、艺术价值、知识含量、独创性 5 个要素，是对作者原稿质量的广义概括，是可以用一般的学术规范来衡量的品质上的高下优劣。笔者认为，一部作品必须至少具备科学价值、思想价值、艺术价值、知识含量这 4 个要素中的 1 个要素，同时具有独创性，才能具备一定的学术质量。

1. 科学价值。科学是关于自然、社会和思维的知识体系，是实践经验的结晶。科学唯真，有真伪之别。判断一部作品特别是学术专著是否具有科学价值，要看它是否揭示了事物发展的客观规律，探讨了客观真理，能否作为人们认识和改造客观世界的指南。科学价值的判断要求出版者本身具备一定的科学素养；有时，这种判断要依靠相应的社外专家或专家集团来进行。

2. 思想价值。思想即观念，是人们思维活动的结果，决定于人们的社会存在。思想唯善，有深浅之分，更有善恶之别。不同的社会存在决定了不同的思想，一定的社会存在容纳一定的思想。判断一部作品特别是政治类、思想类、教育类著作是否具有思想价值，要看它所反映的立场、观点、价值取向、道德准则是否符合并满足我们所处的社会主义初级阶段的现实要求。

正确反映社会善恶，集中体现人民意愿的作品，具有较高的思想价值，对社会发展有积极的推进作用，应努力安排出版；思想内涵浅陋、苍白的作品，属平庸之作，应限制出版；不能正确反映社会善恶，甚或宣扬资产阶级的庸俗人生观、道德观、价值观的作品，对社会发展有消极的、负面的作用，应杜绝出版。

3. 艺术价值。艺术是人们以情感和想象为特征，对世界进行精神掌握的一种特殊方式，是人的现实生活和精神世界的形象反映。一般而言，艺术有 3 层涵义，一是泛指人类活动的技艺及一切非自然的人工制品；二是指按美的规律进行的艺术创作及具有审美因素的实用品的制作；三是专指文学、音乐、舞蹈、绘画、雕塑、建筑、戏剧、影视等专供欣赏的各种艺术作品。艺术唯美，有高下之分。判断一部作品特别是文学艺术作品是否具有艺术价值，要看它能否满足人们多方面的审美需要，从而在社会生活，尤其是在精神领域里起到陶冶性情的潜移默化的作用。艺术价值的评判具有一定的主观性和相对性，因而也具有一定的难度，这就要求出版者本身具备一定的艺术修养。

4. 知识含量。知识是人类认识的成果，是在实践基础上产生又经过实践检验的对客观实际的反映。它包括自然科学知识、社会科学知识和思维科学知识。图书是记载和传播知识的主要工具之一。

一部作品是否具有起码的知识含量，决定了它是否具有起码的学术价值和出版价值，决定了它能否成为一件有用的工具。知识含量有多少之分，对于大多数作品特别是对那些提供系统知识的教科书和工具书而言，知识含量越大，学术质量也就越高。评判一部作品的知识含量时，应掌握知识的一般特征。知识可依照反映对象的深刻性和系统性程度，分为生活常识和科学知识。生活常识是对某些事实的判断和描述；科学知识是通过一定的科学概念体系来理解和说明事物的知识，它又有经验的和理论的两种不同水平。科学知识是全人类认识的结晶，又是人类实践和社会发展必要的精神条件。

5. 独创性。作品作为受著作权法保护的客体，必须具有独创性。也就是说，作品必须是作者创造性的独立完成的劳动成果，而不是从别人的作品中抄袭来的。没有独创性的作品，不受著作权法保护，谈不上学术质量，因而也没有出版价值。判定作品是否具有独创性应根据著作权法的基本精神：如果某一作品是由作者按照自己的意志独立创作出来的，即使已有另一类似作品，也因具有独创性而受到保护；反之，如果某一"作品"系抄袭他人作品而成，即使经过改头换面，也因不具独创性而不能受到保护。

三、执行技术规范，保证施工质量

对具有一定政治质量和学术质量的书稿，出版者还要按照一定的技术规范进行编辑处理，也即进行"施工操作"，使之具备一定的"施工质量"，也即达到一定的出版要求。这里所说的技术质量包括编校质量、装帧质量和印装质量 3 个方面，是对出版者工作质量的广义概括。需要说明的是，施工质量的高下优劣包括两个层面，第一个层面取决于编者是否能够全面地、准确地引入并执行有关技术规范，具有可确定性；第二个层面则取决于作者和编者的文化素养和知识层面，具有不确定性。本文讨论的施工质量主要是就第一个层面而言的。

1. 编校质量。编校质量决定于编辑适用标准、编辑适用工具书、编辑体例和文字质量 4 个要素。图书编校质量的高低用差错率来衡量，其计算方法以新闻出版署 1997 年 3 月 3 日颁发的《图书质量管理规定》所附的"图书编校质量差错率的计算方法"为准。

（1）编辑适用标准。编辑过程中必须自觉采用有关国际标准、区域标准、国家标准和行业标准，保证文稿和图稿的内容科学、准确、权威。

①所用汉字，除特定情况下必须用繁体字的以外，一律采用国务院 1986 年 6 月 24 日批准、国家语言文字工作委员会 1986 年 10 月 10 日重新发表的《简化字总表》所列的简化字（收 2235 字）。

②所用汉字的字形标准，采用国家语言文字工作委员会和新闻出版署 1988 年 3 月 25 日联合发布的《现代汉语通用字表》（收7000 字）。

③所用汉语的读音拼写标准，采用全国人民代表大会 1958 年2 月 11 日批准公布的、国际标准化组织 1982 年承认为国际标准的《汉语拼音方案》；读音拼写规则，采用国家技术监督局 1996年 1 月 22 日发布、1996 年 7 月 1 日实施的 GB/T 16159—1996《汉语拼音正词法基本规则》。

④所用汉语的读音标准，采用国家语言文字工作委员会、国家教育委员会和广播电视部 1985 年 12 月 27 日发布的《普通话异读词审音表》。

⑤所用科学技术名词术语，以全国科学技术名词审定委员会（即前身全国自然科学名词审定委员会）审定公布的为准；未经审定和尚未统一的，从习惯。

⑥所用计量单位，采用国务院 1984 年 2 月 27 日以命令形式发布的《中华人民共和国法定计量单位》；援引中国史籍中统计数字所用的计量单位则仍其旧。

⑦所用量和单位的名称及符号，以国家技术监督局 1993 年 12 月 27 日发布、1994 年 7 月 1 日实施的 GB3100 ～ 3102—93《量和单位》为准。

⑧所用数字的写法，以国家技术监督局 1995 年 12 月 13 日发布、1996 年 6 月 1 日实施的 GB/T15835—1995《出版物上数字用法的规定》为准。

⑨所用标点符号的用法，以国家技术监督局 1995 年 12 月 13 日发布、1996 年 6 月 1 日实施的 GB/T15834—1995《标点符号用法》为准。

⑩所用中国地名，除历史地名外，以中国地名委员会审定的为准。

所用外国地名，按中国地名委员会制定的《外国地名汉字译写通则》和各种译音表译写，并可参照中国大百科全书出版社 1984 年编辑出版的《世界地名录》和知识出版社 1988 年编辑出版的《世界地名翻译手册》。

所用外国人名，按"名从主人"和"约定俗成"的原则译写，并可参照新华通讯社译名室编、中国对外翻译出版公司 1993 年出版的《世界人名翻译大辞典》。

所用地图上的中国国界线，按中国地图出版社 1989 年出版的 1：400 万《中华人民共和国地形图》绘制。

所附参考文献的著录方式，以国家标准局 1987 年 5 月 5 日批准、1988 年 1 月 1 日实施的 GB/T 7714—87《文后参考文献著录规则》为准。

（2）编辑适用工具书。编辑过程中必然要借助有关工具书。究竟哪些工具书最具权威性，最有参考价值，往往因时、因事而异，且见仁见智，带有主观性。一般认为，《汉语大字典》《现代汉语词典》《新英汉词典》《辞海》《辞源》《中国大百科全书》等比较常用的工具书，权威性较高，参考价值较大，是出版工作者经常采用的"准标准"。

（3）编辑体例。对较大型图书特别是大型工具书和系列丛书而言，其编纂工作是一项十分庞杂的系统工程。为了使各项编纂工作能有条不紊地进行，也为了保证全书的质量和使用功能，在篇章设置、字目（或词目、条目）设置、释文编写、图片配置、编排方法、检索方式、附录、参考书目等方面，都要定有一套严格的要求，这些要求就是通常所说的编辑体例。

（4）文字质量。包括文字、语法、修辞、逻辑、结构等要素。在正确采用有关标准、合理选用有关工具书、制定有良好的编辑体例的前提下，文字质量的高低便取决于作者、编辑、校对人员的文字素养和工作责任心，因而有着很大的主观性。当前，努力提高以上三者特别是编、校人员的素质和发挥其主观能动性，对于提高图书的文字质量进而提高图书的整体质量具有至关重要的意义。

2. 装帧质量。图书装帧包括材料选择、工艺选择、封面设计、版式设计 4 个方面。材料选择的内容包括质地（版型、重量）和大小（开本）；工艺选择的内容包括印刷形式（凸版、平版、凹版、孔版等）和装订形式（骑马订、铁丝平订、锁线订、胶粘装订等）等；封面设计的对象包括封一、封二、封三、封底、勒口、书脊、环衬、主书名页（正面即扉页、背面即版权页）、附书名页、护封、封套等；版式设计的对象包括前缀（前言、目录等）、正文（文字、表格、插图、公式、注释等）、后缀（参考文献、索引、附录、后记等）等。其中，材料选择和工艺选择的效果要通过印刷装订阶段才能完全表现出来，故其质量通常计入印装质量；封面设计和版式设计的效果则直接反映出装帧质量。通常，装帧质量取决于装帧适用标准、装帧惯例和装帧艺术性 3 个要素。

（1）装帧适用标准。设计主书名页、附书名页、书脊和选择开本时，要采用有关标准。

①有关图书的版本记录，采用国家技术监督局 1990 年 7 月 31 日批准、1991 年 3 月 1 日实施的 GB12450—90《图书书名页》，国家标准局 1986 年 1 月 16 日发布、1987 年 1 月 1 日实施的 GB5795—86《中国标准书号》，国家技术监督局 1991 年 5 月

17 日批准、1992 年 1 月 1 日实施的 GB12906—91《中国标准书号（ISBM 部分）条码》，国家技术监督局 1990 年 7 月 31 日批准、1991 年 3 月 1 日实施的 GB12451—90《图书在版编目数据》等 4 个标准。需要特别指出的是，目前出版的图书，相当多数没有执行这 4 个标准。

②有关图书的书脊标示，采用国家技术监督局 1989 年 10 月 12 日批准、1990 年 6 月 1 日实施的 GB11668—89《图书和其它出版物的书脊规则》。

③有关图书的开本及篇幅尺寸，采用国家标准局 1987 年 2 月 23 日发布、1987 年 12 月 1 日实施的 GB788—87《图书杂志开本及其幅面尺寸》。

（2）装帧惯例。设计目录、正文文字、表格、插图、注释、索引、附录时，应遵循有关惯例，使之合理、实用、美观。

（3）装帧艺术性。封面设计的内涵包括文字（如社名、著作权人）、图形（如社徽、书徽、图案）、色彩（色相、明度、纯度）等的设计，版式设计的内涵包括版心、字体、字号、图表形态、书眉、页码等的设计。设计者要在遵守有关标准、遵循有关惯例的基础上，充分发掘作品内涵，发挥艺术创作才华，创意出新，体现作品、作者、设计者和出版者的品位和特色，提高装帧质量，进而提升图书的整体质量。

3. 印装质量。印装包括印制和装订两个方面。印装质量取决于印装适用标准、印装工艺水平和印刷材料 3 个要素。

（1）印装适用标准。采用新闻出版署 1991 年 7 月 1 日批准、1991 年 10 月 1 日实施的 CY/1 ～ 3—91、CY/T4 ～ 6—91、CY/T7.1 ～ 7.9—91 和 1995 年 4 月 5 日批准、1996 年 1 月 1 日实施的 CY/T12 ～ 17—95。以上 21 个标准统称《书刊印刷标准》，属行业标准。

（2）印装工艺水平。这决定于印装企业的技术能力和印装工人的素质。出版者必须根据图书的性质、质量要求、经济因素等综合选择相应的印装企业和印装工艺，并提出印装质量要求。

（3）印刷材料。应根据图书的装帧设计要求和成本经济要求，合理选择封面、环衬、正文等印刷材料，从物质上保证印装质量。

四、实践社会经济规范，保证经济质量

图书的社会价值固然是由图书的社会效益来实现的，但对出版社而言，出版图书的应有之义是要实现经济效益，维持生产和再生产。因此，在出版社看来，具有较高政治质量、学术质量和技术质量的图书，还不能算作高质量的图书，高质量的图书还必须包括较高的经济质量，即能像一般产品那样实践社会经济规范。反映经济质量的要素包括印张成本、印张定价、批零差价、印数和重印数 4 个。

1. 印张成本。按有关财务规定，图书的印张成本由稿酬及校订费、排版费、印刷费、装订费、纸张费、出版损失费、编辑经费、

管理经费、销售费用、财务费用等 10 项组成，决定图书的生产经济质量。通过挖掘出版社内部潜力，努力降低印张成本，可提高图书的生产经济质量。

2. 印张定价。在一定的印张成本下确定印张定价时，既要考虑出版者的利润率，又要考虑消费者的受益率。一般来说，适当降低印张定价，有利于提高消费经济质量，扩大消费市场。

3. 批零差价。批零差价存在于流通环节之中。减少流通环节，降低批零差价，有利于增加出版社利润，同时也有助于降低印张定价，从而提高消费经济质量。

4. 印数和重印数。印数和重印数的大小反映了图书的市场占有率，体现为市场经济质量。努力提高图书的政治、学术、技术质量，最大限度地增加印数和重印数，可提高图书的市场经济质量，这是提高图书整体经济质量的关键所在。

——载于《出版发行研究》1998 年第 6 期

浅谈出版社的组织形式

出版生产是通过相应的机构和专业人员来组织实施的，这些机构包括以下六类：出版社；印刷企业和电子音像录制、复制企业；发行机构（发行所、书店）；出版中介机构（如著作权代理中心）；出版教育研究机构（如印刷学院、出版研究所、印刷研究所）；出版行政管理机关。其中，出版社是出版生产的主要组织者和实践者，是出版产业中的核心企业。

广义的出版社包括图书出版社、音像出版社、电子出版社、杂志社、报社等。通常所说的出版社多指图书出版社以及音像、电子出版社。

至 2003 年底，我国共有图书出版社 570 家（含副牌 35 家），全年出版图书 19.04 万种（其中新版 11.08 万种）；音像制品出版单位 320 家（音像出版社约占三分之二，图书出版社中的音像部约占三分之一），全年出版音像制品 28224 种（录音 13333 种，录像 14891 种）；电子出版物出版单位 121 家（电子出版社约占四分之一，图书出版社和软件企业中有电子出版权的约占四分之三），全年出版电子出版物 4961 种。

我国的出版社特别是图书出版社分为中央出版社和地方出版社两类。2003 年，中央出版社共有 220 家（含副牌 16 家），又分为三类，即原属新闻出版总署、现属中国出版集团的国家级出版社，各部委、团体下属出版社，中央级高等院校出版社；地方出版社共有 350 家（含副牌 21 家），其中也包括一些高等院校出版社。

从地区分布来看，北京地区出版社最多，2003 年有 235 家，约占全国的五分之二，其中中央出版社 218 家，北京市属出版社 17 家；上海地区出版社数量占第二位，共有 40 家，其中中央级出版社 2 家（东方出版中心、中华地图学社），上海市属出版社 38 家。

我国的出版社长期属于事业性质，其中大多数出版社已经过渡到事业单位企业管理，或事业单位、差额预算拨款，但个别出版社还是全额拨款的事业单位（如盲文出版社）。2003 年 12 月 31 日，国办发 105 号文件下发，该文件包括《文化体制改革试点中支持文化产业发展的规定（试行）》和《文化体制改革试点中经营性文化事业单位转制为企业的规定（试行）》。从此，出版单位包括出版社和出版集团，开始了由事业单位转制为企业单位的试点。

我国的出版社都是政府部门批准设立的（台、港、澳除外），而不是像普通企业那样或者像西方国家那样采用登记制。因此，通常都有一定的规模，不会只有两三个人。

由于规模、专业性质和经营理念、管理方式的不同，每个出版社的组织及运作形式是不尽相同甚至是很不相同的。当然，各出版社之间还是有许多共性可言的。

一、我国出版社的组织形式

（一）领导体制

一般实行社长（总经理）负责制，社长作为法定代表人对出版社的经营管理和发展负有首要责任。也有少数出版社实行党委领导下的社长负责制、党组负责制、总编辑负责制。

一般来说，社长和副社长、副总编，有时还加上其他人员（专职党委书记或副书记、社长助理、总编辑助理等），构成社务委员会，作为出版社的领导集体。有的出版社还成立有选题委员会（小组）、经营管理委员会等，专门负责选题的论证决策、负责领导和协调经营管理工作，因为这两项工作对出版社的生存发展至关重要。

（二）机构设置

出版社通常设置有 5 类机构。

1. 生产部门

（1）编辑部门（部、室、中心），负责选题策划、审稿、加工；

（2）出版部门（部、处、科），负责设计、排版、校对、发印；

（3）发行部门（部、处、科），负责宣传广告、发行、储运、门市。

2. 业务管理部门（业务职能部门）

（1）总编室（部），负责出版计划、手续、质量、版权、信息、文秘、宣传等；

（2）美编室（设计室、图片室、摄影部），负责美术设计、摄影、绘图、图片编辑等；

（3）对外合作部门（国际合作部、版权部），负责对外合作、对外版权甚或整个出版社的版权管理等；

（4）财务部门（部、处、科），负责财务计划、会计、财务管理等；

（5）人事部门（部、处、科），负责人事聘任聘用、劳资、稽考、职称、保卫、老干部工作等。

3. 行政管理部门

（1）社办公室（有的与总编室合署，其实功能不同），是社领导的行政办公机构；

（2）行政后勤部门（部、处、科，有的与社办公室合署），负责后勤、保卫、房产等。

4. 党群部门（中国特有）

（1）党委办公室；

（2）工会以及妇工委、团委。

5. 其他部门

此外，有的出版社还设有其他一些部门或机构。

（1）期刊出版部门（社、部、中心）；

（2）电子出版部门（社、部、公司）；

（3）音像出版部门（社、部、公司）；

（4）技术保障部门（技术部、数据中心、网站）；

（5）信息保障部门（图书馆、资料室）；

（6）公司企业（排版厂、印刷厂、光盘复制公司），公司有的是独立经营单位，有的相当于下属部门；有的是社办企业，有的是合资、合作企业。

（三）人员配置

大到几百人，小到几十人。

1. 目前的状况

（1）前述一二类机构的人员特别是一类人员，与三四类人员之间的比例偏低；

（2）一二类人员中，编辑人员多，发行人员少。编辑人员的策划、组织和市场预测能力亟待提高，发行人员的文化水平、业务素质、营销观念亟待提高；

（3）财务部门参与出版决策、成本控制和管理不够；

（4）人事部门参与职员甄选、稽考、任用决策、调配不够；

（5）三四类人员偏于臃肿，配合、服务意识有待建立和提高；

（6）人员使用上的社会化程度不高。

2. 总的趋势

（1）加强一二类部门，尤其是一类部门的力量，全面提高其整体素质；

（2）三类部门的工作尽可能社会化，如不办食堂，保洁、保安公司外聘；

（3）四类部门的工作尽可能精简高效；

（4）五类部门中，期刊、电子、音像的出版有相对的独立性，趋于专业化和公司化。

（四）经营机制

目前大致有以下几种模式。

1. 生产部＋职能部制（最传统、最常见的）

编、印、发各司其职，职能部门分工协作、配合生产部门。全社一盘棋，根据整体效益，对各部门工作性质和工作绩效考核和奖惩。

2. 事业部＋职能部制（事业部实行目标管理，或称"一条龙"）

设若干事业部（分社、出版中心、编辑部），作为战术经营单位，中心内编、印、发通盘考虑和负责，实行相对独立的经济核算和效益考核；出版印制、发行等业务分散到各个事业部，或也作为职能部门配合事业部；根据事业部的效益，对所有职能部门按工作性质和工作绩效考核和奖惩。出版社对事业部在人事、财务、选题计划上享有最终决策权。

3. 事业集团制

设若干个分社（中心、公司），作为战略经营单位，分社内编、印、发统筹，人、财、物自主，实行基本独立的经济核算和效益考核；总社只保留少数管理人员，只负责任命分社的主要负责人、批准经营发展计划和进行政治经济监督，不干预分社的具体经营活动；分社按契约关系和使用总社资源（如书号）的情况，向总社上缴利润；分社的效益和奖惩与总社基本脱钩。

4. 企业集团制

目前处于试点阶段。由集团公司和子公司（原来的出版社和发行机构）组成，两级法人、两级核算。集团公司行使出资人权利，负责战略管理、资产运作和集约经营；子公司负责产品运营。企业集团的内部运行尚处于探索阶段。

二、外国出版社的组织形式

很复杂。各国不同，大、中、小出版社不同。

一般来讲，社会主义国家的出版社多由国家批准设立，属于国有国营（如越南）事业单位；资本主义国家的出版社多按登记制设立，多数是公司制企业，少数是人数很少的个人或合伙企业，也有一些由国家或机构团体资助的非营利性单位。

西方的出版社，小的只有几个人，一年只出几本书，出版社的寿命也很短；但大的出版社的经营范围则很广，有的出版集团不仅从事图书、期刊、电子音像的出版，还从事报纸、电台、电视台的经营。比如贝塔斯曼集团，它是拥有500多家出版社的跨国公司，一个集团的规模就相当于整个中国出版社的规模。它的图书出版世界第一，音乐和图书俱乐部世界第一，音像出版世界第四，杂志和电视经营欧洲第一。这样的跨国出版集团，其内部的组织形式十分复杂。

（一）组织形式和机构设置

一般来说，西方的大中型出版机构通常以总裁、总经理、CEO 为第一责任人，下设的社长、总编辑只负责行政事务和编辑业务，中小型出版社也有以社长为第一责任人。大中型出版机构通常下设 5 个主要部门，即市场部、编辑部、财务部、执行部和人力资源部，其中市场部和编辑部是两个最主要的部门。

1. 市场部（marketing department）的职能

（1）收集信息，预测市场，确定产品形式和生产方式；

（2）确定产品价格策略；

（3）通过宣传、公关、广告、人员推广、销售促进等方式促销产品；

（4）通过分销商、专业系统、自办书店、独立书店和小书店、邮寄、直销、展销、图书俱乐部、网上销售、销售代表等方式，分销产品。其中，通过分销商的销售，相当于国内所说的发行。所以，发行工作只是市场部工作的一部分。

2. 编辑部（editorial department）的职能

（1）配合市场部确定产品投资、价格和营销组合方式；

（2）组织编辑加工。编辑部的工作人员一般并不多，许多编辑工作是组织社会力量进行的。

3. 财务部（finance department）的职能

西方出版社财务部通常由财务总监（Finance Inspector General）或一位副总裁（Vice President）主管。财务部分设财务长（Treasurer）和会计长、主计长（Accountant-general），分别负责财务管理和会计工作。财务部的职能是：

（1）配合市场部确定产品投资、价格和营销组合方式；

（2）进行财务管理；

（3）负责会计业务。

4. 执行部（fulfill department）的职能

（1）组织生产加工；

（2）仓储；

（3）运输发货。

5. 人力资源部（human resources department）的职能

（1）人员甄别、考核、录用、升迁和降格使用；

（2）人员绩效管理；

（3）人员薪资管理。

（二）运作特点

1. 出版社本身完全按市场规律运作

按市场需求决定出版内容、形式、时机和营销方式，由市场决定效益。因此，西方出版社关注的主要是经济行为和经济效益，其追求经济效益的演进过程是：市场最大化→利润最大化→市值最大化（对上市企业而言）。这一方面使得企业的使命变得单一、有活力，但另一方面也会导致它的社会文化功能的弱化。

2. 出版社的集团化趋势正在加强，出版物市场趋于垄断

如在美国，有 9000 多家大大小小的出版社，但前 26 家出版集团占据了一半以上的图书市场；四大分销商、八大印刷集团控制了批发、印刷行业。

3. 政府通过立法等手段影响出版社的社会文化功能

如美国政府，它通过法律、税收、财政补贴等或明或暗的方式，来保护、制约和影响出版业，弘扬和输出美国文化。这些方式包括以下 9 种。

（1）对盗版行为，不像大多数国家那样以民事论处，而是以刑事罪判刑；

（2）对儿童（13 岁以下）图书，立法禁止色情、暴力内容；

（3）对中小学教材，不统一编写，但中小学必须在州一级教育主管部门（州议会教育委员会）推荐的范围内选用教材；

（4）出版社的存货计入生产成本，这个规定客观上抵减了出版社的纳税额；

（5）出版商到国外售书，其差旅费可抵减税金（不是在成本里减，而是直接抵税），这个规定客观上鼓励了文化输出；

（6）美国对许多国家的"禁运"均不包括图书出口（只有对

古巴例外）；

（7）出版物邮寄费较其他物品便宜；

（8）全美 1000 多家非营利出版社中，130 多家是由国家供养的；

（9）美国政府认为必要时，会出资让小出版社参加国际书展。

以上情况表明，西方的出版业已经真正做到了政府引导市场，市场引导企业。这是值得我国出版业借鉴的。

——1995～1999 年在新闻出版总署编辑出版人员培训班上的讲稿。

2005 年初版时补充了新数据。

编辑出版工作者的素质及职业道德

第一部分 编辑出版工作者的素质

素质（diathesis）是心理学术语，是人的神经系统以及感觉器官、运动器官的生理结构和功能特点，特别是脑的微观结构的特点。它是能力（capacity，潜在的容纳或吸收能力）形成和发展的条件之一，其缺陷会造成能力发展的障碍。然而，素质上的某些缺陷，可以通过学习和实践获得补偿，从而使能力得以发展。

在社会生活中，素质（character 或 quality）是指人为了履行某一特定的社会职责（duty 或 responsibility）所必须具备的基本特性、品质和能力（capacity 指潜在的能力，ability 指高于一般的能力，capability 指能够胜任）。职责是社会设定的，素质则是履行相应职责的个人自觉形成的。

就编辑出版人员而言，应当具备五个方面的基本素质，即思想政治素质、科学文化素质、信息加工能力、生产作业能力和市场运作能力。

一、思想政治素质——决定出版的境界和方向

（一）树立正确的世界观和人生观

1. 世界观——决定着编辑出版工作的基点和方向

世界观又称宇宙观，是人观察世界的立场、观点和方法，是人对世界的总体看法。它是自然观、社会历史观、伦理观、审判观、科学观等的总和。

世界观的基本问题即物质和意识的关系问题。根据对这个基本问题的回答，可以将世界观划分为唯心主义和唯物主义两种根本对立的类型。

每一时代占统治地位的世界观，都是这一时代精神文明的结晶，它影响和制约着当时的自然科学、伦理道德、审美观点以及一切精神文化的发展。

我们这个时代占统治地位的世界观是马克思主义的彻底唯物主义的辩证的科学的世界观。它要求人们摆脱一切自私自利、自以为是的偏见，在工作中尊重事实，尊重科学，尊重群众，尊重实践，要求人们在为着人民群众的实践中不断改造自己的主观世界，在建设社会主义物质文明的同时努力建设社会主义精神文明和政治文明。

世界观在出版工作中有很强的实践意义。出版者个人的世界

观不能超越占统治地位的世界观。中国共产党是代表无产阶级为全体人民服务的，党的出版工作不应当仅仅代表出版者自身的利益，而应当努力代表最广大人民的根本利益。出版工作者所从事的工作，无不涉及认识自然和改造自然，认识社会和改造社会的内容。只有在正确的、科学的世界观指导下，编辑人员对书稿的判断、评价、选择、修改加工等才能正确地进行；出版的产品才能有助于读者正确地认识和改造世界，从而促进人类社会历史的发展。反之，世界观的偏颇必然会导致编辑出版工作者误入歧途，贻误人类社会历史的发展。

因此，我们认为，世界观决定着编辑出版工作的基点和方向。

2. 人生观——决定着编辑出版工作的格调和情趣

人生观是人对于人生目的、态度、坐标和理想的根本观点，主要回答什么是人生、怎样对待人生和实践人生价值等问题。

世界观是人生观的基础，它向人生观提供一般观点和方法的指导；人生观是世界观的一个方面，是世界观在人生内容上的贯彻和应用。一般来说，有什么样的世界观就有什么样的人生观，就有什么样的"人生哲学"。

共产主义人生观认为，人生的价值和意义在于人对社会所负的责任和所作的贡献。共产主义人生观把实现共产主义、为最广大人民谋取利益，看作人生的崇高目的和最大幸福。

人生观在出版工作中有很强的实践意义。编辑出版工作者应当树立共产主义的积极的先进的人生观。在这样的人生观指导下，自觉地编辑出版弘扬真、善、美的健康向上的产品，抵制和杜绝宣扬假、恶、丑的腐朽颓废的产品。只有这样，才能促进人类社会精神文明的进步。

因此，我们说，人生观决定着编辑出版工作的格调和情趣。

（二）掌握马列主义、毛泽东思想、邓小平理论和"三个代表"重要思想的理论基础

1. 马克思主义

它是包括科学世界观、社会历史发展学说、无产阶级革命理论、社会主义和共产主义建设理论在内的科学理论体系，是工人阶级政党的理论基础和指导思想。

作为完整的科学体系，它包含三个主要组成部分，即马克思主义哲学、政治经济学和科学社会主义。三个部分彼此不可割裂，是一个相互联系的有机整体。

马克思主义产生于 19 世纪 40 ～ 90 年代，以 1848 年《共产党宣言》的问世为标志。它是在吸收和改造了人类思想文化的一切优秀成果，特别是 18 世纪中叶和 19 世纪上半叶的社会科学和自然科学的成果的基础上（社会科学方面的基础——德国古典哲学、英国古典政治经济学、英法空想社会主义、法国启蒙主义、法国复辟时期历史学家的阶级斗争学说等；自然科学方面的基础——细胞学说、能量守恒和转化规律、进化论的新发展等）产生和发展起来的。

2. 列宁主义

它的核心内容包括以下 6 个方面：①帝国主义理论；②无产阶级革命理论；③民族殖民地问题理论；④无产阶级专政理论；⑤建设社会主义的理论；⑥新型无产阶级政党的理论。

列宁主义产生于 19 世纪 90 年代至 20 世纪 20 年代。它是列宁在新的历史条件下，把马克思主义运用于俄国无产阶级革命、社会主义建设、国际共产主义运动的复兴等之中，根据新情况提出新观点和新理论，丰富和发展了马克思主义。列宁主义是"帝国主义和无产阶级革命时代的马克思主义"。（斯大林）

3. 毛泽东思想

它是以毛泽东及刘少奇、周恩来、朱德、邓小平、陈云为主要代表的中国共产党人，根据马克思列宁主义的基本原理，对中国长期革命和建设实践中的一系列独创性的丰富经验进行理论概括，而形成的适合中国实际情况的科学理论体系。它是马克思主义普遍原理与中国革命和建设的具体实践相结合的产物。

毛泽东思想的独创性体现在以下 6 个方面：①关于新民主主义革命的理论；②关于社会主义革命和社会主义建设的理论；③关于革命军队的建设和军事战略的理论；④关于政策和策略的理论；⑤关于思想政治工作和文化工作的理论；⑥关于党的建设的理论。

毛泽东思想是贯彻于上述各个组成部分的立场、观点和方法。它有三个基本方面——实事求是，群众路线，独立自主。

毛泽东思想产生于 20 世纪 20 ～ 70 年代，是新民主主义革命和社会主义革命及建设时期的马克思列宁主义。

4. 邓小平理论

它是把马克思主义同当代中国实践和时代特征（如改革开放，"一国两制"，科学技术是第一生产力，等等）结合起来的，继承和发展了毛泽东思想的科学的理论体系。

邓小平理论的核心是建设中国特色社会主义。它贯穿解放思想、实事求是的思想路线，围绕"什么是社会主义、怎样建设社会主义"这个首要的基本的理论问题，在社会主义的发展道路、发展阶段、根本任务、发展动力、外部条件、战略步骤、领导力量和依靠力量、祖国统一等重大问题上，形成了相互联系的基本观点，构筑了这一理论的科学体系。

邓小平理论产生于 20 世纪 80 ～ 90 年代，是当代中国的马克思列宁主义。

5. "三个代表"重要思想

"三个代表"重要思想是 2000 年 2 月江泽民在广东考察工作时提出的关于新时期党建工作的重要指示精神。在 2001 年的"七一"建党 80 周年讲话中，这个指导思想又被进一步丰富和升华。在 2002 年 11 月，中共十六大修改通过的党章中，"三个代表"重要思想与马克思列宁主义、毛泽东思想、邓小平理论一起，确立为中国共产党的行动指南。

"三个代表"即"代表中国先进生产力的发展要求，代表中国先进文化的前进方向，代表中国最广大人民的根本利益"。它从新的时代高度深化了党的性质、宗旨和根本任务的内涵，是新世纪党的建设纲领。它对于进一步保持党的先进性、保持党的生机和活力，对于全面推进建设有中国特色社会主义伟大事业，具有十分重要的理论和实践上的指导意义。

6. 马列主义、毛泽东思想、邓小平理论和"三个代表"重要思想是出版工作的行动指南

马列主义、毛泽东思想、邓小平理论和"三个代表"重要思想，是党的行动指南，也是出版工作的行动指南。因此，出版工作者必须自觉掌握其基本原理，运用其立场、观点和方法，分析新情况，解决新问题。在出版的内容、形式、方法、手段、机制等方面努力创新和改进，增强出版工作的时代感，提高出版工作的针对性、实效性和主动性。

（三）正确认识出版自由和出版责任

【这部分内容参见本卷 1—22 页《出版概论》】

（四）了解社会主义出版业的性质、方针和任务

【这部分内容参见本卷 1—22 页《出版概论》】

二、科学文化素质——决定出版的学术水平和品位

（一）具备扎实的学科专业知识

1. 编辑人员

1986 年，出版专业在改革开放后恢复职称评定，当时要求参评者具备高中以上学历即可，没有很高的学科专业要求，对外语、计算机技能也没有明确要求。此后，对编辑人员的要求逐步提高，对初级编辑人员要求大专以上学历，对中、高级编辑人员要求本科以上学历，同时对外语、计算机知识也有相应的要求。之所以这样要求，就是要学有所长，术有专精。只有对某学科有较深的研究，才能触类旁通，一通百通，才能应对各种选题、各种作品。一个好的编辑人员，应当在他原来所学的学科专业和他现在从事的编辑出版两个方面，都有扎实的功底和见解。

2. 营销人员

营销人员应当具备足够的专业知识和市场知识，应当能够认识到知识产品（出版物）的真正价值，并且能够帮助特殊的读者认识到出版物的使用价值，而不是不问对象的胡吹乱侃。

例如，有一本叫《环境中的镉》的专著，有很高的学术价值，获得过国家级奖励。但尽管如此，普通大众对"镉"还没有关心到足够引起阅读兴趣的程度。因此，对这种著作，不分对象地盲目推销，不可能取得好的效果。

再如，同样是字典，对于"吃"的解释，学生字典的"吃"

和成人字典的"吃",在定义、用例的深浅上自会有所不同。营销人员应当认识到这种区别,根据不同的读者对象,有选择地开展营销工作。

有些营销人员,只知道说:"权威性、价格低、装帧好",不懂得营销心理学。实际上,定价不一定是越低越好,除通常的成本定价外,还有市场定价、心理价位等。内容也不是越严谨、越权威就越适合读者。譬如一本农业知识读物,农民对它的要求主要不在于严格的考据,而在于它是不是通俗易懂。

3. 财会人员

财会人员也要懂得学科知识。

首先,稿件的类型与费用相关。通常,学术稿件与通俗稿件,社会稿件与科技稿件,成人稿件与儿童稿件,在稿费、编审费等方面均有所不同,财会人员应当有所鉴别和把握。

其次,在印制环节,根据出版的需要,对每种出版物的工艺、材料要求有所不同,相应地,出版物的生产成本也必然不同。同样印张的书,生产成本会有所不同,不能一刀切。

(二)努力具备广博的科学文化知识

编辑是杂家,应当先专后杂、后博,需要具备较为广博的知识,如历史、地理、哲学、经济、科技、社会等方面的常识。

1. 历史常识

编辑过程中涉及的人物、事件都是发生在一定的历史背景之下的。因此，掌握基本的历史常识，知道中国的主要朝代、世界历史上的主要国家，对于编辑而言是必需的。中国的主要朝代，有一首《历史朝代歌》是这样勾画的：

三皇五帝是神话，众说纷纭难信它。唐尧虞舜夏商周，春秋战国乱悠悠，秦汉三国晋统一，南朝北朝是对头，隋唐五代又十国，宋辽西夏，金元明清帝王休。

好的编辑人员，对其中主要朝代的起止时间、创始人和亡国之君，应当熟知。对春秋战国、东晋十六国、五代十国应当不会混淆；对赵宋王朝和南朝时的刘宋王朝应当不会"赵冠刘戴"；应当知道，同是唐朝知名女性，武则天是"降级使用"的，而杨贵妃则是"提拔重用"的。

对于世界史上，埃及、巴比伦、印度、中国这四大文明古国的基本情况，古希腊文明、古罗马文明、古代美洲中南部的阿兹特克文明和印加文明的基本情况，编辑人员应当有起码的了解。譬如"古罗马"，是先有罗马共和国（公元前 509 年～前 27 年），后有罗马帝国（公元前 27 年～公元 476 年）的；罗马帝国后来又分裂为西罗马（公元 395 年～ 476 年）和东罗马（公元 395 年～ 1453 年）；东罗马帝国建都的君士坦丁堡，原为古希腊移民城市拜占庭，因此又称拜占庭帝国。拜占庭帝国横跨整个中世纪，后被奥斯曼土耳其帝国所灭。近现代还有一个短命的罗马共和国（1849.2 ～ 7）。

在欧洲近现代史上，也有共和国与帝国交替的现象，如法兰西，依次出现过法兰西第一共和国（1792～1804）、第一帝国（1804～1814，拿破仑一世创建）、第二共和国（1848～1852）、第二帝国（1857～1870，拿破仑三世创建）、第三共和国（1870～1940）、第四共和国（1945～1958）、第五共和国（1958～今，戴高乐创建）。

对于实行君主立宪制的国家，君主的称谓有的叫皇帝、沙皇、天皇，有的叫国王、法老、可汗、苏丹、大公，不同的称谓对应着相应的政治、宗教、文化体系，我们应当有所辨别。

2. 地理常识

我们现在经常谈到巴勒斯坦问题，它的由来就涉及中东地区的历史地理知识。巴勒斯坦首先是个地名。早在公元前 30 世纪，迦南人就在今天的巴勒斯坦、黎巴嫩和叙利亚一带定居，创造了"迦南文化"。公元前 12 世纪初，腓力斯丁人控制了巴勒斯坦沿海地区，称为 Philistines（意为"腓力斯丁人的土地"），这就是"巴勒斯坦"这一地名的由来。

公元前 11 世纪，希伯来人在此地建立希伯来王国，公元前 10 世纪分裂为以色列王国和犹太王国，前者于公元前 722 年亡于亚述帝国，后者于公元前 586 年亡于新巴比伦王国。希伯来人即今日犹太人的祖先（公元前 6 世纪起称犹太人）。此后，波斯帝国、马其顿亚历山大帝国、罗马帝国都曾长期统治巴勒斯坦这块地方。而犹太人，则自公元前 1 世纪起，逐渐从巴勒斯坦流散到世界各地。

公元 637 年，阿拉伯人征服巴勒斯坦，这块土地随之阿拉伯化和伊斯兰化。直到今天，阿拉伯人一直是巴勒斯坦居民的主要成分。

犹太人散居世界各地的许多世纪以来，遭到了其他民族的排挤和迫害。尤其是1933年之后的希特勒，对犹太人迫害甚重。在这样的背景下，英美等国出于自身利益的需要，鼓动、支持犹太人返回巴勒斯坦定居，建立"犹太人之家"。1947年，联合国大会通过关于巴勒斯坦分治的181号决议，决定在巴勒斯坦地区建立犹太国和阿拉伯国两个国家。

对于在同一个巴勒斯坦地区建立两个国家，犹太人认为自己早在公元前就在此居住了千余年，阿拉伯人则认为自己自公元7世纪起就一直在此居住了1300多年。可想而知，争斗是难以避免的。

由上可知，我们只有掌握了有关巴勒斯坦的基本历史、地理知识，才能对现代巴勒斯坦问题有基本的分析判断，才能编辑好有关的书稿。

再比如，我们在编辑过程中经常涉及"飞地"这个概念。"飞地"有两种，一种是本国境内的外国土地，叫enclave，如意大利境内的梵蒂冈、圣马力诺；另一种是本国在境外的与主要领土不相邻的土地，叫exclave，如美国在加拿大北边的阿拉斯加州。类似这样的地理常识都是编辑人员日常会涉及的。

3. 哲学常识

哲学常识关系到我们分析问题的方式方法，因此是编辑人员应当具备的基本知识。比如"形而上学"这个概念，源于亚里士多德一部著作的名称。作为哲学术语，它有两个含义：一是指超感觉的、经验以外对象的哲学，二是指与辩证法相对立的、用孤立的静止的片面的观点观察世界的思维方式。马克思主义哲学通常在后一种意义上使用它。

前一种意义的"形而上学"原意为"物理学之后"，亚里士多德的这本书传到中国后，曾译作《玄学》，后由严复据《周易·系辞》中"形而上者谓之道，形而下者谓之器"的说法译为《形而上学》，意指研究有形体的东西之上的、凭感官不能感知的东西。形而上学在人类认识史上起过进步作用，它在对世界各部分的认识上要比古希腊的朴素辩证法正确一些。因此，不能因为马克思主义唯物辩证法对形而上学思维方式的批判，而把形而上学笼统视为唯心主义的代名词。

4. 政治经济学常识

我们在分析经济问题和经济现象时，经常会碰到"看不见的手"这样一个表述。所谓"看不见的手"，源于经济学大师亚当·斯密的观点：人们在追求自己的私人目的的同时，会在一只"看不见的手"的作用下，实现增加社会福利的目的。有的人想当然地认为这只"看不见的手"，就是躲在市场之后的政府所起的作用。其实错了，它指的是"市场"而非"政府"。由此可见，一定的政治经济学常识对于编辑人员也是必需的。

5. 科技常识

和平与发展是当今世界的主题，也是编辑作品中的重要主题。和平与发展都涉及大量的科技知识。比如，和平就与军事科技密切相关。所谓大规模杀伤性武器，通常指核武器、生物武器和化学武器。就核武器而言，它又包括原子弹、氢弹、中子弹等。

而平常所说的导弹，可以是用火箭等工具发射的具有制导系统的装载原子弹等的核武器、核导弹，也可以是装载化学或生物武器的化学或生物导弹，还可以是装载普通炸药的常规导弹。因此，原子弹、氢弹、中子弹与导弹，不是同一范畴的概念。

再就火箭而言，它可以运载导弹，也可以运载卫星、飞船等，不一定用于军事目的。

书籍报刊中，不少人把"直升机"称为"直升飞机"，这是错误的。直升机、飞机、飞艇统属航空器，但飞行原理不同，不可混淆。

说到科技常识，诸如蘑菇不是植物，竹子是草不是树等等，这样的基本知识，都是编辑人员应当了解的。

6. 地质年代和考古年代

了解地质年代和考古年代的基本分期，了解自然界和人类文明的发展进程，对于编辑人员大有助益。

地质年代分为宙（宇）、代（界）、纪（系）、世（纪）四个层次。宙分为冥古宙、太古宙、元古宙和显生宙（宇）；显生宙又分为古生代、中生代和新生代（界）；新生代又分为第三纪和第四纪（系）；第四纪又分为早更新世、中更新世、晚更新世和全新世（纪）。我们人类诞生于164万年前，属于显生宙新生代第四纪全新世。

考古年代反映人类物质文化发展所经历的阶段，通常分为石器时代、青铜时代和铁器时代。石器时代通常又分为旧石器时代、中石器时代和新石器时代。新石器时代与青铜时代之间的过渡性阶段通常称为铜石并用时代或金石并用时代。铁器时代开始的时间，约在公元前 14 世纪初，那时小亚细亚中部的赫梯王国已开始锻造铁器；中国在春秋晚期（约公元前 5 世纪），大部分地区已使用铁器。在晚期铁器时代，各国多已进入有文字记载的文明时代。

（三）跟踪学术发展，追踪文化潮流，把握社会发展趋势

编辑出版人员是传播学术文化的使者，应当走在社会发展的前列。因此，一个好的编辑出版人员，应当积极参加学术会议，了解有关学术动态；广泛阅读学术刊物，了解文化思潮；关心时事，包括政治、军事、经济、体育、文化发展的态势；关心社会热点问题，如环境问题、生态问题、能源问题、纳米技术、克隆技术、恐怖主义，等等。要广泛接触电视台、电台、网络、刊物等媒体，经常与相关专业领域的科研教育机构保持密切联系。这样，一旦我们要做一本专业出版物，我们就能即时想到、随时联系上相应的专家学者，请他们做我们的撰稿人、审稿人、翻译者，或可向他们咨询求教。而这些，要靠平时的长期积累和跟踪。

三、信息加工能力——决定出版的技术水平和质量

（一）熟练运用汉语言文字

汉语言文字的熟练运用，是做好编辑工作的基础。除了基本

的语法、修辞、逻辑知识外，还应当在我们的工作中积极倡导和力行洗练、讲究的文风，这一点在当今的编辑实践中尤为重要。

比如我们通常说的"不明飞行物"这个词，其英文原文是"unidentified flying object"，港台地区据其缩写"UFO"翻译成"幽浮"，既吻合英文缩写的读音，又贴合不明、未知、神秘的原意，生动传神。再如"犯罪嫌疑人"这个词，既然确定无疑触犯法律、负有罪责的人叫"罪犯"，那么只是怀疑、尚未确定的"犯罪嫌疑人"完全可以径称为"罪嫌"。这两个词的用法，"幽浮""罪嫌"显然比"不明飞行物""犯罪嫌疑人"洗练而不失准确。

类似这样值得推敲、可以更洗练的词很多，只是大家习以为常、不以为烦罢了。再比如国务院组成部门中，负责公共安全、维持社会公共秩序的部门叫"公安部"，没有叫"公共安全部"；同样道理，负责保障国家安全的"国家安全部"，也完全可以叫做"国安部"。这些当然是政府部门考虑的事，但与我们这些语言文字工作者的"迁就"也不无关系。

编辑作为以语言文字为工作工具的人，对优化、美化、净化语言文字负有重要责任。我们应当都讲究起来，通过我们的出版物推介洗练、讲究的文风，促进汉语言文字朝着洗练、精美的方向健康发展。

我们翻看图书封面和版权页的署名，经常可以看到"×× 主编、×× 副主编"的字样。这里，"主编"可以是动词，也可以是名词，但"副主编"则只能是名词。"这位是 ×× 主编"相等于"这位是主编××",其中的"××主编"是同位词组;"本书由××主编"中,"××主编"则是主谓词组。因此,正确的署名应当是"主编××、副主编××"。由此可知,编辑要讲究的地方很多。

汉字的字数一般在五六万个,《汉语大词典》就收字5.6万个。但是,《现代汉语常用字表》只收3500个,《现代汉语通用字表》只收6300个。因此,五六千个汉字是我们通常用得到的。编辑出版人员一般用得到的汉语词汇(包括词、词组、熟语、成语)不过几万字,如《现代汉语词典》(2002年增补本)共收字、词6万余条,《现代汉语规范词典》共收单字1.3万个、词目6.8万条。这样的字、词数量,要比同等文化程度的英语国家的编辑职业人员所应掌握的英语词汇量少,他们具备的英语词汇量应当在十数万个以上。至于《辞海》(1999年版实收单字1.7万多个,收普通词语和百科词语12万多条)、《汉语大词典》(收字词37万多条),则是高端专业人员使用的。

但我们有我们的"难处"。就汉字的字形而言,有异体字、异形词问题;就读音而言,有一字多音、异读词问题,比如"呆板""从容""阿房宫",往往读错;我们用汉语拼音来注读,就有了怎么拼写词语的正词法问题,现在出版物上的词语拼写,错误非常多。又由于语言文字是用来记载、传承文化的,而汉文化的历史非常悠久,经历了千百年的发展变化,因此我们在使用语言文字时还应具备一定的历史文化知识。比如,"食""其"这两个汉字,在组成古代人名时，读音就与现代通常的念法大不相同。战国时魏国有司马食其，汉代有郦食其、审食其、赵食其，都是人名，"食其"读为 Yì jī。再如"空穴来风"这个词，原指有洞穴的地方风就能透进来，比喻出现的传言有一定的原因或依据；现在则指传言没有根据。现在约定俗成的，是指"没那么回事"；但如果引用古代文献，应当知道所说的可能是"有那么回事"。

我们在审读出版物时，有时遇到类似这样的说法："××对我的关怀，罄竹难书"，这是褒贬不分；"非把反腐败斗争进行下去"，这里句末缺"不可"二字，是首尾不相顾。还有一个大家都熟悉的例子，电台、电视台在播报空气质量时，有一个指标叫"可吸入颗粒物"。其实，空气中悬浮的颗粒物是有害的、不可吸入的，吸入是没有办法的事，应当改称"易吸入颗粒物"才准确。"可"有主观倾向，"易"没有主观倾向。这个问题反映过多次，至今没有解决，可见做好文字工作之不易。

（二）了解使用有关民族和国家的语言文字

1. 翻译著作中人名的表示

西方的人名，一般是名在前、姓在后，与我们相反，写为"名＋姓"。东欧国家、斯拉夫语系的人名，多写为"名＋父名＋姓"；但匈牙利例外，与我们一样写为"姓＋名"，典型的例子如前匈牙利共产党总书记卡达尔·亚诺什，卡达尔是姓。匈牙利人为什么特殊？有论者认为：匈牙利人是古代中国北方匈奴人的后裔，受东方文化影响使然。阿拉伯人的姓名更复杂，通常写为"名＋父名＋祖名＋族名＋地名"。

东方的越南、朝鲜、日本等国，过去长期受汉文化影响，姓名至今多用汉字表示，但读音却是所在国自己语言的音。

2. 排序问题

编一部字典、词典或其他工具书，在一部学术著作中列出名词术语索引等，都要涉及排列次序问题。如果光是汉语，可以按笔画、笔顺排序，也可以按汉语拼音排序。如果光是外文，或中、外文混杂，通常要按音序排列，一般是先按汉字的汉语拼音顺序，再拉丁字母顺序（英文、法文、德文等），再斯拉夫字母顺序（俄文等），再希腊字母顺序，最后是阿拉伯数字顺序。有人不知道这个常规，排如英文→法文→俄文→希文→德文等五花八门的顺序，就贻笑大方了。

3. 公司问题

同样是有限公司，通常英式的用法是 Company Ltd.，美式的用法是 Corporation，日本则叫株式会社。同样是"社"，我们的出版社社长通常是法人代表、一把手；而日本的会社包括出版社，会长相当于董事长（叫做代表取缔役），是一把手，社长则相当于总经理。

（三）熟悉和自觉遵守有关政策规范

编辑出版人员需要熟悉和自觉遵守的法律法规很多。一是具有出版母法性质的《出版管理条例》。二是各种专项出版法规，如《音像制品出版管理规定》《电子出版物管理规定》《印刷业管理条例》《音像制品复制管理办法》《音像制品进出口管理办法》《内部资料性出版物管理办法》《关于严格禁止买卖书号、刊号、版号等问题的若干规定》《图书、期刊、音像制品、电子出版物重大选题备案办法》《图书质量保障体系》《图书质量管理规定》等。三是与出版相关的法律法规，如《中华人民共和国著作权法》《中华人民共和国刑法》《最高人民法院关于审理非法出版物刑事案件具体应用法律若干问题的解释》等。四是有关国际公约，如《保护文学和艺术作品伯尔尼公约》《世界版权公约》《保护录音制品制作者防止未经许可复制其录音制品公约》等。

熟悉有关政策法规，就是要明确出版有哪些基本要求，哪些是可以出版的，哪些是按照出版分工只能由某一些出版社出版的，哪些是出版之前需要向主管部门备案的；所有可以出版的选题在出版过程中要遵守什么规定、执行什么政策。比如《古兰经》，只能由专业出版社出版；又比如《圣经》，目前在我国只允许教会印行，因此没有公开出版物。

出版过程中经常会涉及一些很敏感的问题，尤其需要编辑人员具备很强的政治素质和技术处理能力。比如，外蒙古的历史问题，苏联"8·19"事件的提法，中国共产党领导的多党合作制度的提法（过去叫"领导下的"），1989年春夏之交的政治风波的提法（不说"六四事件"）。一个常见的问题是祖国大陆与台湾、香港、澳门地区并提时，许多作者、编者把祖国大陆写成中国，虽多是无心，但客观上是十分不妥的。

（四）熟悉和贯彻执行有关技术规定

主要是 GB（国家标准）系统和有关行业技术标准。如标点符号使用标准、数字使用标准、量和单位使用标准、科技名词术语使用标准、参考文献著录标准，等等。像科技名词术语，1985年以来，经全国科学技术名词审定委员会审定、公布的规范科技名词，已有 66 个学科。

（五）熟练运用信息加工工具和各种信息

1. 工具书信息

编辑人员要善于选择使用工具书，常用的如《现代汉语词典》《辞海》《辞源》《汉语大字典》《汉语大词典》《新英汉词典》《中国大百科全书》等。现在出版的各种工具书很多，有不少是粗制滥造、抄袭剽窃乃至错误百出的。比如王同亿主编的《语言大典》《新现代汉语词典》等几十部词典，其中就有这样荒诞不经的词目和释义：

喝酒：喝烈性酒，尤指大量地喝。

家猫：尤指雌猫。

大胆姑娘：胆子大且风骚的姑娘。

色狼：有进取性格，直接而热烈地追逐女性的人。

婆母：妻子的母亲。又称岳母。

类似这样的工具书，只能提供错误的、荒谬的信息。

2. 传统媒体信息

报刊等传统媒体提供的信息有很强的时效性。应注意采用最新信息并有所辨别。例如老一辈党和国家领导人陈云同志在世时，有关他的简历说他主张以计划经济为主、市场调节为辅，强调前者；陈云同志去世后，新华社发的有关他的生平事迹中，说他主张社会主义不仅要搞计划经济，而且要搞市场经济，强调的是后者。这样的信息，对涉及陈云同志、涉及有关市场经济的出版物，无疑有很重要的价值。

3. 网络信息

网络是现代信息量最大、传播速度最快的信息载体。对编辑出版人员而言，网络上的信息有两类：一类是工具类信息，如各种文化科学知识资料、统计资料，便于我们查检；另一类是时事新闻、娱乐报道等，这里面鱼龙混杂，时效性固强，但也有不确切甚至错误的信息，应当注意甄别。

四、生产作业能力——决定出版的效率

（一）了解出版生产的流程和环节

【这部分内容参见本卷 23—42 页《出版流程综述》】

（二）熟悉生产作业的程序和操作方法

包括：选题计划的制订过程；选题在出版社内部的立项过程；各种合同，如出版合同、引进版权合同、委托制作合同、委托印刷和复制合同的签订；一、二、三审审读报告的要求；发稿的程序；发排和校对的程序；发印的程序，包括异地印刷手续的办理；入库、出库过程；发货和回款的结算；稿酬及编、校、审、录费用的标准和结算，印刷、复制成本及材料成本的结算；等等。

（三）熟悉生产设备和材料，熟练运用生产工具

熟悉单位的计算机管理系统和出版设备，如制图、制版用的苹果机，文字排版用的可进行版式转换的华光排版系统；熟悉凸版纸、胶版纸、铜版纸、字典纸等常用印刷材料的品种和规格；了解平版印刷（速度较慢）和轮转印刷（速度快）的基本特点；掌握扫描仪（保存图片好）、光盘刻录机（保存原稿好）的基本操作。

五、市场运作能力——决定出版的效益

（一）了解市场需求，主动策划选题

策划选题，首先要了解市场需求。对市场需求，可以从 5 个层次考虑。一是读者的基本要求。譬如当今社会关注的基本问题，当今科技文化发展的基本方面，乃至当前电视、电影热播的题材，都可以纳入选题策划的目标。二是改善需求。比如市场上已经有

了"儿童百科全书"这样的图书，但从内容选择、插图配置、装帧开本、定价等方面，仍有很大的改善空间，市场的需求又很看好，这时仍可推出新版的同类图书。三是扩大需求。有一部日本的动画电视片叫《宠物小精灵》，热播之后，各种"小精灵"深受孩子们喜爱。聪明的商家于是陆续推出了以"小精灵"为主题的书、刊、卡片、玩具、游戏机，仅书、刊而言，就出了许多品种。这就叫选题的深度开发和立体开发。四是引导需求。需求是需要引导也是可以引导的。过去我们有少儿读物、妇女读物。随着我国于 20 世纪末进入老龄社会（标志是 65 岁以上老龄人口占总人口数的 6% 以上），老龄人口作为一个特殊社会群体凸显出来，他们有自己的特殊关注点和阅读情趣。有些出版社注意到了这个问题，成立了专门的老龄读物编辑部门，从事老龄读物的研究开发，把专家学者对于老年人的心理与生理、学习与生活、锻炼与健康、休闲与发挥余热等的研究，引导到各种老龄读物的出版上来，从而引导老年人的阅读需求。五是创造需求。需求是可以创造的。把儿童读物与玩具结合起来而出版的"玩具书"（如汽车书、轮船书）是创造，把精美的笔记本与图书结合起来而形成的"本子书"（每页有几句话供阅读，同时大量空白处又可以记笔记）也是创造。过去读书有"马上、厕上、床上"之说，今天就有人出版了专门针对床上阅读者需要的，轻松、怡情、便于床上"拿捏"的"枕边书"，这也是创造需求。

（二）联系学界和作者，合理组织稿件

合理组织稿件，就是要在熟知学界动态的前提下，合理选择合适的作者来撰写合适的读物。有的作品需要一流的专家学者来撰写，如学术著作、专业教科书、百科全书、字典词典。有的作品如科普读物、知识类通俗读物，一流的专家学者未必写得好，这就需要找专门的科普作家、通俗读物作家来写，或者两类作者合作编写。有一位非常著名的科普作家叶永烈，写过大量优秀的科普作品，但后来转到当代名人传记的创作上去了。这个例子说明，作者的创作方向能随着出版的需要、编辑人员的需要而变化的。有的作品如少儿读物，需要懂得儿童心理和阅读习惯、擅长运用儿童语言的少儿专家来撰写，或根据成人读物来改编。有的作品过去有大量读者，但随着时代的发展和生活节奏、阅读习惯的变化，需要用新的形式来包装，如蔡志忠根据我国古代经典著作改编的漫画版《孔子说》《老子说》《庄子说》《孟子说》《史记》《世说新语》等等，就是如此。因此说，正确选择作者、合理组织稿件是重要的运作能力。

（三）联系新闻界和广告商，做好产品宣传和广告

出版物是商品，也需要宣传和做广告。宣传是不花钱或花钱很少的广告。除了常规的书评、新书推介会、作者签名售书外，借用作者的特殊身份和书中内容的敏感之处（当然是出版法规允许的）大做文章也是很好的宣传。我们常常从媒体上看到一些针

对某部作品的密集的书评或争鸣，并不都是评论家自发发表的；有的，实际是出版单位有意组织的宣传手段，是巧妙的宣传运作，是"软广告"。真正的广告特别是电视广告、街头广告，往往花钱不菲，通常只适合码洋高的大部头出版物或畅销书，或用以宣传企业形象。

（四）联系读者，及时反馈市场信息

读者的来信、来电和建议，是出版物在市场上的直接反应，处理得好，可以获取大量有价值的信息；处理不好，也会误导出版决策。好的方面，能帮助作者、编者改正差错乃至改版重印，甚至推进新书出版或现有图书的系列化。如反映近来社会生活场景的《老照片》丛书，就是根据读者的热烈反馈，不断延续出版的。不好的方面也有例子，如一家出版社推出《××××学生百科全书》后，原计划在 1999～2000 年印发 7 万套，按每套成本 62 元、定价 198 元、对折发货计，本可赢利 259 万（〔198/2 － 62〕×7 万）。因为市场反映很热烈，对市场需求估计过高，多印了 4 万套，增加成本 248 万元，但这 4 万套没能售出，几乎抵减了先前 7 万套的赢利。这就是没能对市场信息和对读者反馈进行冷静、客观的分析。

为了及时、准确地反馈市场信息，有人成立了专门的出版物市场调查公司，向出版单位提供经过分析处理的数据，作为出版决策参考。如北京开卷图书公司，就是这样的机构。

及时反馈市场信息，也有利于改进管理和服务。比如，很多读者反映，在一些小书店看不到大部头的工具书。分析后得知，小书店空间有限，而大部头工具书又占柜太多。因此，对只有小书店的"小地方"，出版社应对大部头工具书采取直销形式。还有些小码洋的薄本书，不少书店觉得利润太薄，也不愿摆放销售。针对这种情况，出版社可将这类薄本小书尽量系列化、成套化，既提高书店的销售积极性，又便于读者购买。这些例子，都说明及时收集、对待市场信息，对出版人员来说是一种重要的素质和技能。

（五）了解成本核算方法和财务管理方法，提高投入产出效益

图书产品的成本核算和财务管理方式，决定产品的定价、销量乃至最终的投入产出效益。

就产品成本而言，它包括：编辑出版部门的生产成本，如稿费、审稿费、编辑费、校对费、录入费、纸张费、印制费等；营销部门的销售成本，如仓储费、运输费、宣传费、广告费；财务部门的财务费用，如资金占用的时间价值形成的成本、生产管理人员费用摊到产品上形成的成本。

就财务管理而言，有单品种核算和产品总核算两种基本的方法。这里面大有技巧。比如，有个出版社引进一套10册的儿童科技图书（彩印本），每册2个印张（32开64页），考虑到引进版税较高,故每册定价10元,结果卖不出去。同是引进出版的《米老鼠》杂志，人家也是彩印本，16开48页（折合32开96页），每期定价才 7.8 元，销售很好。参照这个成功的例子，同时考虑到这类彩印版儿童科技图书的市场潜力很大，出版人员将这套图书的成本费用由 2 万套均摊改为按 10 万套均摊，因此将定价调整为每册 5.5 元。结果销售量上去了，效益也出来了。由此可知，成本核算不仅是财务人员的事，也是编辑出版人员必须掌握的基本技能。

第二部分　编辑出版工作者的职业道德

道德是以善恶评价的方式，调节人与人及个人与社会之间关系的行为规范的总和。

职业道德是在职业范围内形成的、比较稳定的道德观念、行为规范、习俗的总和。它是调节职业群体内部人员的关系，及其与社会各方面关系的行为准则，是评价从业人员的职业行为的善恶、荣辱的准则，对该职业的从业人员具有特殊的约束力。

职业道德的内容包括：

——职业道德观念、意识、意志、信念、情感；

——职业道德规范、原则、准则；

——职业道德行为、活动、习俗。

中国出版工作者协会 1997 年订立的《中国出版工作者职业道德准则》包括：

（1）为人民服务，为社会主义服务；

（2）坚持社会效益第一，增强政治责任感；

（3）树立精品意识，提高出版质量；

（4）遵纪守法，廉洁自律；

（5）敬业爱岗，忠于职守；

（6）团结协作，诚实守信；

（7）艰苦奋斗，勤俭创业；

（8）遵守外事纪律，维护祖国尊严。

中国书刊发行业协会订立的《书业从业人员职业道德规范》包括：

（1）坚持方向，多出好书；

（2）忠于职守，敬业爱店；

（3）精品意识，优质高效；

（4）钻研业务，开拓进取；

（5）面向读者，文明服务；

（6）团结协作，诚实守信。

我们认为，就编辑出版工作者而言，职业道德主要体现在以下五个方面。

一、责任意识

就是要对党负责，对人民负责，对社会负责，对作者和读者负责。只出好作品，不出坏作品。出了坏作品，就要追究责任，甚至"一抹到底"。社长、总编、责编，都要有强烈的政治责任、社会责任意识。政治责任过去强调得多，大家都明白。社会责任也很重要。如果我们在出版物中宣扬落后、迷信、颓废的东西，就是对社会、对读者不负责任。如果我们在出版物中，把国家明文规定的保护动物列入肉可食、皮可用、骨可入药的内容，这也是缺乏基本的社会责任意识。

二、服务意识

编辑出版工作者要为作者服务，甘为他人作嫁衣；为读者服务，向他们提供最好的精神消费品；为社会服务，为繁荣社会主义文化、促进经济社会发展和科技进步贡献才智。

一是要有质量意识，要从政治质量、学术质量（科学性、思想性、艺术性、知识性）、编校质量（文字和技术规范）、印制质量、装帧质量等方面，向读者提供最佳的产品。

二是合理定价。不光从市场角度考虑，还要考虑读者的实际消费水平。如对专业人士、对高端消费人员，定价可以高一些；对老龄、儿童、农村读者，定价则应尽可能低些。国家对中小学教材有最高限价，规定其利润率应小于5%，也正是从特殊读者的迫切需要和承受能力考虑的。

三是竭诚为读者着想、为读者服务。要避免不切实际的豪华包装、多层包装，要真正考虑到方便读者、服务读者。

例如，小学生字典通常做成64开本，为的是小学生好拿好用；

又如计算机操作手册，通常做成大 16 开、软皮本，以便使用者摊开使用。好书宜打开包装和塑封销售，以方便读者选购。送书上门、进校，也是方便读者。到幼儿园、社区、医院、地铁等特殊地点售书，既可方便特殊人群，又可扩大市场效益。

三、法制意识

出版工作者一方面要通过出版物宣传宪法和法律及各项政策法规，同时要自觉遵守法律法规。目前，出版界的抄袭、剽窃问题（如"王同亿现象"）和盗版、盗印问题（连《邓小平文选》都有盗印），十分严重。抄袭、剽窃问题不光是作者的问题，也有出版人、出版社集体抄袭、剽窃的。有的出版社就大量抄袭、剽窃、仿造知名的工具书。盗版、盗印也与出版社管理不严、印厂不讲职业道德有关。有的印厂私自增加印数，甚至在委印书的基础上私攒"新书"，也有的出版人员内外勾结，利用租型之机加印、盗印。

买卖书号问题是典型的违法违规行为。按规定，出版过程中，选、编、审、印、发 5 个环节均应由出版社全程控制，但变相买卖书号、刊号、版号的现象仍屡禁不绝，根本原因在于某些编辑出版人员法制观念淡漠，也在于执法不严。

四、自律意识

自律，就是要严格要求自己，公正无私，廉洁自持。在出版企业尚处于垄断地位的情况下，尤其要自律、自重，不能滥用出版权力，搞人情稿、买卖书号；不能在印刷、复制业处于买方市场的情况下，从这些企业拿取回扣；不能在出版物销售处于买方市场的情况下，向批发商赠送回扣；更不能在读者的鉴别力尚未普遍提高的情况下，粗制滥造或抄袭剽窃，用不合格甚至违法违规产品欺骗、坑害读者。

出版人员接受作者、纸厂、印厂回扣，同时向发行商赠予回扣；出版社瞒低印数和发行数，从而少付作者、译者、版权出让者费用；出版者通过虚假宣传，夸大其词、欺骗读者，等等，都是自律意识不强，缺乏基本职业道德的例子。

五、竞争规则意识

出版作为市场行为，避免不了竞争，包括作者的竞争，题材的竞争，市场、宣传的竞争。这些都应是实力的竞争、诚实的竞争、有序的竞争。例如，教材竞标分为由教育部进行的作者审查、出版方式审查、实验区审查和由新闻出版总署进行的出版资格审查4个方面，这就是正常的竞争。地方省、市、县各级书店的新一轮重组，各地出版社的整合和各出版集团的成立，都是按市场规则开展的竞争。

目前，国有出版、发行企业包袱沉重，必须通过改革，通过体制、机制的转变，尽快甩掉包袱，摆脱劣势，按市场规则，参与国际竞争。按照市场规则而不是行业垄断、地区垄断参与竞争，是正常的也是最可能行之有效的竞争。我们必须树立正确的竞争意识。

总之，作为编辑出版工作者，我们每个人的素质和职业道德水准，关系着出版的效率、效益和质量，关系着企业的生产和发展水平，关系着企业的形象，关系着社会的进步。所以，希望大家都来重视和讨论这个问题。

——1995～1999 年在新闻出版总署编辑出版人员培训班上的讲稿

百科全书的源流

一、从原始图书到百科全书

百科全书是人类积累的知识极大丰富的产物，是人类对知识的渴求普遍增长的产物，是人类文明进程发生重大飞跃的必然产物和重要标志。

人类社会自蒙昧阶段、野蛮阶段进入文明时代的主要标志是文字的发明及其对知识的记录。

恩格斯在《家庭、私有制和国家的起源》中指出：人类"从铁矿的冶炼开始，并由于文字的发明及其应用于文献记录而过渡到文明时代。"人类用于记录知识的原始文献有刻石、甲骨、青铜器等。但它们都不是正规的书。正规的书，古代两河流域的美索不达米亚有泥板书（clay tablet，苏美尔语 dub），古埃及有纸草书（papyrus scroll），古代中国有竹木书（简册、版牍）、帛书，古罗马有羊皮书（parchment），古印度有贝叶书（pattra）。中国见于记载的最早的一本书,是刻在竹简上的周代蒙童识字课本《史籀篇》,传为周宣王（前 827～前 782 在位）时太史籀作。

在中国,"图""书"之名源于神话。《易·系辞上》有:"河出图,洛出书,圣人则之。"至迟在秦汉时期,"图书"已联成一词。成书于韩非之后的《韩非子·大体》有:"豪杰不著名于图书,不录功于盘盂。"在西方,据林穗芳先生考证,希腊语 biblion（书）一词源于地中海东岸地名 bybles（比布鲁斯,今名拜勒）,拉丁语 liber（书）一词本义为古罗马人用来做书写材料的"树的内皮",英语 book（书）一词源于哥特语 bôka（字母）,俄语 книга（书）一词,可能源于古汉语经（king）、卷（küen）,通过突厥语 küinig 进入古斯拉夫语时写作 кънига（边春光主编:《编辑实用百科全书》,中国书籍出版社,1994 年版,第 12～16 页）。

造纸术的发明使得图书有了理想的载体,印刷术的发明则使得图书能够广泛传布。纸质图书的发明和大量印刷,对于积累和保存人类精神财富,交流知识和传递信息,教化民众和丰富人们的文化生活,推动人类文明的进步,具有巨大的影响。

人类在积累了大量的图书资料之后发现,每个人都不可能也不必要全部阅读这些图书,而只能有选择地阅读最需要的图书,获取最有用的知识。于是,工具书出现了。工具书（reference books）是以众多的资料为基础,根据特定的需要,按一定的编排和检索方式编辑而成的,供读者查找、检索知识和信息的图书。工具书种类繁多,主要有字典、词典、类书、百科全书、年鉴、手册、名录、表谱、地图、书目、索引、指南、便览、文摘等。

中国最早的工具书是周秦时代的字书、历书，惜早已失传。秦汉时出现《尔雅》《说文解字》等工具书，是为词典和字典的肇端。类书是中国古代特有的一种工具书，始于曹魏，盛于唐、宋、明、清。三国魏文帝时，刘劭、王象等于 220～222 年编纂的《皇览》是第一部类书，惜宋代已佚。以后历代，纂修类书不歇。影响较大的类书，隋唐有虞世南编纂的《北堂书钞》，欧阳询主编的《艺文类聚》；宋代有李昉等编纂的《太平御览》《文苑英华》，王钦若、杨亿等编纂的《册府元龟》，王应麟等编纂的《玉海》；明代成祖永乐年间解缙等纂修的《永乐大典》，是中国最大的一部类书，凡 22877 卷又目录 60 卷，11095 册，惜多已佚，今存仅 797 卷并目录 60 卷；清代康熙、雍正年间陈梦雷、蒋廷锡等主持纂修的《古今图书集成》，凡 10000 卷又目录 40 卷，分 6 汇编、32 典、6109 部，约 1.6 亿字，是现存最大的一部类书。

类书摘录、汇编各种文献的原文，按内容分门别类，重新编列，以供查检和征引。其编列方式，多是先分大的部类，再分小类；每个小类下，先录书名，再录材料并注出处。就其内容宏富、编列规整和具有检索功能而言，类书与后世的百科全书有相似之处。诚因如此，不少学者认为类书具有百科全书的性质。《不列颠百科全书》称，"《永乐大典》可能是有史以来世界上最大的百科全书。"

但是，类书只是汇集前人的著述，"荟萃成言"，辑而不作，即不是重新组织语言来介绍各种知识。因此，类书不是现代意义上的百科全书。

百科全书（encyclopaedia，或 encyclopedia）一词源于古希腊文 enkyklopaideia，意为"全部的知识"或"全面的教育"。古代西方具有百科全书性质的著作很多，主要有：古希腊大学问家亚里士多德（Aristotelēs，前 384 ～前 322）的一系列讲学、研究著作，包括《工具论》《形而上学》《物理学》《尼各马可伦理学》《政治学》《诗学》《修辞学》等，内容广泛，代表了他那个时期的知识高度和广度；古罗马大学问家瓦罗（Marcus Terentius Warro，前 116 ～前 27）编写的《学科要义九书》和《圣俗事物古迹》等；古罗马学者老普林尼（Gaius Plinius Secundus，公元 23 ～公元 79）编纂的《博物志》，凡 37 卷，涉及大量的自然科学知识，对西欧文明的发展影响深远；中世纪前期西班牙学者圣伊西多尔（Saint Isidore of Sevill，560 ～ 636）编纂的《词源》，凡 20 卷，涉及众多学科和门类的知识；中世纪法兰西学者文岑（Vincent，1190 ～ 1264）编纂的《大宝鉴》，凡 80 卷，全面总结了西方已有的科学文化知识，是 18 世纪前欧洲篇幅最大的一部百科全书性质的著作。

1559 年出现了第一部以"百科全书"命名的著作，这就是德国学者 P. 斯卡列哲（Paul Scalich 或 Paul Scaliger）的《百科全书，或神与世俗学科知识》（*Encyclopaedia, seu orbis disciplinarun, tum sacrarum quam prophanum epitome*）。此后，英国哲学家 F. 培根（Francis Bacon，1561 ～ 1626）在其著作《伟大的复兴》（未

完成）中，提出了它的新逻辑方法即归纳法，为人们提供了一份全新的知识分类体系。这个分类体系为后人编纂百科全书提供了哲学基础，对百科全书的发展贡献甚大。中世纪后期，随着科学文化的发展，知识的积累迅速增加，人们查检知识的需求也迅速增长，百科全书作为工具书的作用愈益突出，其编排方式逐渐由分类编排向便于快速查检的字母顺序编排过渡。

1728 年，英国百科全书编纂家 E. 钱伯斯（Ephraim Chambers，1680 ～ 1740）编纂的《百科全书，或艺术和科学大词典》（*Cyclopaedia*，*or an Universal Dictionary of Arts and Sciences*）问世。该书为 2 卷本，未收录人名、地名条目。钱氏在编纂过程中邀请其他学者撰稿，将全书按字母顺序编排，并在条目之间创设了参见系统。这些特征为后来英国乃至其他国家编纂百科全书提供了重要的借鉴。1745 年，它还被初次译成法文，并在后来成为狄德罗《百科全书》的基础。1748 ～ 1749 年，钱伯斯《百科全书》被译成第一部完整的意大利百科全书。

1751 ～ 1772 年，法国文学家、哲学家 D. 狄德罗（Denis Diderot，1713 ～ 1784）和数学家、哲学家 J. le R. 达朗贝尔（Jean le Rond d'Alembert，1717 ～ 1783），邀集一大批学者，编纂了一部划时代的百科全书——《百科全书，或科学、艺术与手工艺大词典》（*Encyclopédie*，*ou dictionnaire raisonné des sciences*，*des arts et des métiers*）。狄德罗《百科全书》于 1751 ～ 1772 年陆续问世，凡 28 卷，其中条目文字 17 卷，图片 11 卷。1780 年最后完成时

共 35 卷，包括后编的 7 卷。狄德罗《百科全书》以钱伯斯《百科全书》法文译本为基础，但其影响远超过了钱伯斯的《百科全书》。狄德罗《百科全书》集中体现了众多进步思想家和杰出学者的智慧，用全新的唯物主义观点汇集了真正的科学知识，宣扬了信仰自由和人道主义精神，因而成为百科全书编纂史上乃至人类思想史上的丰碑。参加百科全书编辑的狄德罗、达朗贝尔、C. -L. de 孟德斯鸠（Charles-Louis de Secondat Montesquieu，1689 ～ 1775）等人，以"百科全书派"（Encyclopedist）自号，他们宣传新思想、新道德、新知识，批判各种传统制度和意识形态，形成了当时法国社会上一股强大的进步的政治力量。狄德罗《百科全书》也因此受到教会的指责和官方的非难。《百科全书》及百科全书派在理论上丰富和推进了早期启蒙学者的学说，为 1789 年爆发法国大革命准备了锐利的思想武器。狄德罗《百科全书》接受了按字母顺序编排的方法，突出了检索功能，其编辑特征和它的内容特征一起奠定了它举世无争的地位，成为现代百科全书的发轫之作。狄德罗《百科全书》于 1782 年出版增订版时，放弃了原来按字母顺序编排的体例，并易名为《有条理的，或按主题编排的百科全书》（1832 年出版了增订版的最后一卷——第 166 卷）。

二、现代主要百科全书

自狄德罗为现代百科全书奠基之后，在 18 世纪下半叶至 20

世纪末的 230 年间，世界上已有百余个国家出版了数以千计的各种类型、风格、规模的百科全书，目前尚在发行的大、中型综合性的百科全书有 100 余种。其中，比较有特色和影响的综合性百科全书有：英国（后移至美国）的《不列颠百科全书》和《钱伯斯百科全书》，德国的《布罗克豪斯百科全书》和《迈耶百科词典》，美国的《美国百科全书》和《科利尔百科全书》，法国的拉鲁斯系列百科全书和词典，西班牙的《欧美插图大百科全书》，《意大利科学、文学和艺术百科全书》，《苏联大百科全书》，日本的《世界大百科事典》《万有百科大事典》，《中国大百科全书》等。

狄德罗《百科全书》之后，西方最有影响和代表性的两部百科全书是：源自英国后移至美国的《不列颠百科全书》和德国的《布洛克豪斯百科全书》。

《不列颠百科全书》（*Encyclopaedia Britannica*，简称 *EB*，中国旧称《大英百科全书》）于 1768 ～ 1771 年初版于苏格兰的爱丁堡，共 3 卷。*EB* 以其专题文章为主结合小条目的特征，被后世奉为"大条目主义"的典范。1875 ～ 1889 年，*EB* 第 9 版问世，凡 25 卷。自此，*EB* 扩大条目和撰稿人范围，逐渐提高了自己的地位。此后，*EB* 出版公司总部于 1902 年迁往美国芝加哥，*EB* 的版权则于 1943 年归芝加哥大学所有。1929 ～ 1974 年，*EB* 陆续推出第 14 版，凡 24 卷（其中正文 23 卷，索引 1 卷），内容转向国际化和大众化。1974 年，面目全新的 *EB* 第 15 版问世，它打破传统的标准型百科全书模式而改为"三合一"模式：设《百科详编》19 卷，含中、长条目 4207 个；《百科简编》10 卷，含短条目 102214 个；《百科类目》1 卷，为知识分类目录。全书共30 卷。*EB* 自第 15 版起采取连续修订制，即逐年修改和更新部分内容重印，常印常新。1985 年印本由"三合一"改为"四合一"，由 30 卷增至 32 卷，计《百科详编》17 卷，《百科简编》12 卷，《百科类目》1 卷，新增的《索引》2 卷。（2012 年 3 月不列颠百科全书公司宣布，停印纸质版，全面转向数字版。——再版注）

EB 因其历史悠久、权威性和国际性强而享誉世界。迄今，除英文版外，已有日文、土耳其文、希腊文、法文、匈牙利文、葡萄牙文、中文、韩文、波兰文等文版问世。1980 ～ 1986 年，在邓小平、胡耀邦的支持下，中国大百科全书出版社以《百科简编》为基础加上《百科详编》的有关内容，编译出版了 10 卷本的《简明不列颠百科全书》，收 7.1 万个条目，计 2400 万字，含 5000 幅图片；1991 年补出第 11 卷（增补卷）。1996 ～ 1999 年，中国大百科全书出版社又根据 *EB* 1995、1997、1998 年印本，编译出版了《不列颠百科全书（国际中文版）》，共 20 卷，81600 条，4350万字，内含 15300 幅图片。

《布罗克豪斯百科全书》（*Brockhaus Enzyklopädie*）由德国出版家 F.A. 布罗克豪斯（Friedrich Arnold Brockhaus，1772 ～ 1823）创纂。1796 ～ 1808 年初版时名为《社交词典》（*Konversations-Lexikon*），5 卷。1928 ～ 1935 年第 15 版时易名为《大布罗克豪斯》（*Der grosse Brockhaus*），21 卷。1966 年第 17 版时易名为《布罗

克豪斯百科全书》。1989 ～ 1994 年推出第 19 版，凡 26 卷，其中
正编 24 卷，副编 2 卷，收入条目多达 26 万个。该书自问世起就
以条目短小密集、文字简练、便于查检著称，被誉为"小条目主义"
的楷模，为 19 世纪以来众多的百科全书所仿效。后世著名的《美
国百科全书》、英国《钱伯斯百科全书》等，均以《布罗克豪斯
百科全书》为范本。

《美国百科全书》（*Encyclopedia Americana*，简称 *EA*，中国
旧称《大美百科全书》）初版于 1829 ～ 1833 年，凡 13 卷。它是
在布氏《社交词典》第 7 版的基础上译编而成。经过多次再版和
重版后，1918 ～ 1920 年经过彻底修订和重排，形成 30 卷的规模，
约 6 万个条目。自此，*EA* 采用连续修订制。*EA* 以高级知识分子
为主要读者对象，以小条目为主，偏重美国、加拿大的基本情况，
人物条目、科技条目分别占全书的 40%、30%。它是美国现代出
版的规模和影响仅次于 *EB* 的大型百科全书。

《钱伯斯百科全书》（*Chambers's Encyclopaedia*）是英国作家
和出版家 R. 钱伯斯（Robert Chambers，1802 ～ 1871）以布氏《社
交词典》第 10 版为基础译编而成。初版于 1859 ～ 1868 年，凡 10 卷。
1973 年推出的第 6 版，凡 15 卷，收入 2.8 万个条目。1990 年又
推出新版。《钱伯斯百科全书》以学术性强和表述精确而著称，
采用再版制，是英国现代最有影响的百科全书。［按：此位 R. 钱
伯斯与上文提到的 E. 钱伯斯分属于两个世纪，此《钱伯斯百科全
书》当然也不同于彼《百科全书，或艺术和科学大词典》，二者

甚至也没有渊源关系。]

拉鲁斯系列百科全书由法国出版家 P. -A. 拉鲁斯（Pierre-Athanase Larousse，1817 ～ 1875）创纂。1866 ～ 1872 年，拉鲁斯出版《19 世纪万有大词典》（*Grand Dictionnaire Universal du XIX siècle francais*），15 卷；1878、1890 年补出 2 卷，共 17 卷［"万有"（Universal）也有译成"通用""百科"的］。这部大词典并收大中小条目，是后来众多拉鲁斯百科全书和词典的源头。1886 ～ 1902 年，拉鲁斯出版社出版拉鲁斯《大百科全书》（*La Grande Encyclopédie*），31 卷；1971 ～ 1981 年推出新版，21 卷，以大条目见长，收入 8000 个条目。1897 ～ 1904 年出版《拉鲁斯新插图词典》（*Nouveau Larousse illustre*），7 卷；1908 年补出 1 卷，共 8 卷。1927 ～ 1933 年出版《20 世纪拉鲁斯》（*Larousse du XX siècle*），6 卷；1948 ～ 1950 年 修 订，1954 年 出 版 补编。1960 ～ 1964 年出版《大拉鲁斯百科全书》（*Grand Larousse encyclopédique en dix volumes*），10 卷，1968 年再出补卷。先后出版的拉鲁斯系列百科全书和词典多达数十种，总的特色是突出法国文化和人物，文字优美，插图精良，装帧上乘。

德国的《迈耶百科词典》（*Meyers Enzyklopädisches Lexikon*）由 德 国 人 文 主 义 者 J. 迈 耶（J. Meyer，1796 ～ 1856）创 纂。1839 ～ 1852 年出版第 1 版。1971 ～ 1979 年，经重大调整后的第 9 版《迈耶百科词典》问世，凡 25 卷；1980 年增出地图 1 卷；以后每年出版年鉴作为补编。该书以小条目为主，推荐书目既多且新，插图精美但图幅很小。

西班牙的《欧美插图大百科全书》（*Enciclopedia universal ilustrada Europeo-Americana*），习惯上以其出版社名称称为《伊斯帕莎》（*ESPASA*）。初版于 1905～1933 年，凡 80 卷，其中正编 70 卷，补编 10 卷，共收入 100 万个条目。该书关于西班牙和拉丁美洲西班牙语区的人物和地理资料非常丰富，配有大量的各种形式的地图及艺术作品复制图，同时兼具语言词典的功能，如提供有法语、意大利语、英语、德语、葡萄牙语、加泰隆语（通行于法国鲁西荣地区、安道尔、西班牙东北部及巴利阿里群岛）和世界语的对等词。自 1934 年起，每年另出 1 卷补编；专讲西班牙的那一卷，则每隔 10 年左右单独修订一次。该书已累计出版 100 多卷，是目前世界上规模最大的百科全书。

《意大利科学、文学和艺术百科全书》（*Enciclopedia Italiana di Scienze，Lettere ed Arti*）初版于 1929～1939 年，凡 36 卷，其中索引 1 卷。此后至 1961 年，又出补编 5 卷。该书以学术性高的长条目见称，某些政治条目曾带有法西斯偏见，后已在补编中修正。

美国的《科利尔百科全书》（*Collier's Encyclopedia*）初版于 1949～1951 年，凡 20 卷。1962 年改版后形成 24 卷规模。1975、1990 年均有大的修订。该书逐年发行《科利尔年鉴》（*Collier's Yearbook*）作为补编，并作为连续修订的依据。该书面向大、中学生，偏重社会科学及植物学。

《苏联大百科全书》（*Боцьщая Совеıская Знчцклопеъия*）初

版于 1926 ～ 1947 年，凡 65 卷。1949 ～ 1957 年推出第 2 版，凡
50 卷；1958 年出版 1 卷补遗卷；1960 年出版 2 卷索引。1957 年
开始每年出版《苏联大百科年鉴》。1969 ～ 1978 年推出第 3 版，
3 卷，收入 10.2 万个条目，3.6 万幅插图，1650 幅地图；至 1983
年又补出 2 卷。该书倾向于小条目主义，体例规范，释文紧凑，
重视尖端技术方面的内容，但文风较拘谨，装帧印制较差。与《苏
联大百科全书》并行出版的还有《苏联小百科全书》10 卷本，初
版于 1928 ～ 1931 年，第 3 版为 1958 ～ 1960 年。(《俄罗斯百科
全书》从 2003 年开始编纂，计划出版 35 卷。——再版注)

日本的《世界大百科事典》由平凡社编纂，初版于
1955 ～ 1963 年，凡 33 卷。1964 ～ 1968 年推出第 2 版，凡 24 卷。
1972 年推出第 3 版，凡 35 卷，其中正编 33 卷，补遗、地图、索
引 2 卷。收入条目 7 万余个，以中、小条目为主，按日语五十音
顺序编排；注重索引，仅主题索引就有 30 万个；版面活泼，图
文并茂，装帧印制精美；内容上强调国际化，注意增加亚洲和非
洲的资料，但过于偏重日本。该书采取修订再版制。1962 年开始
出版《月刊百科》，1973 年又开始出版《世界大百科年鉴》，既作
为全书的补编，也作为修订再版的依据。1988 年，平凡社推出新
一代版本《新世界大百科事典》。新版凡 35 卷，其中正编 30 卷，
副编 5 卷（索引 1 卷，地图 2 卷，便览 1 卷，年鉴 1 卷）；收入
条目 9 万余个，合 5200 万个汉字；设置索引 49 万个，其中英文
索引 8 万个。除保留以前的特点外，新版的释文更加准确、全面、

简洁、易懂，可读性和检索性更好。

日本的《万有百科大事典》由小学馆编纂，1972 年出版，凡 24 卷，其中正编 20 卷，副编 4 卷，包括索引、日本地图、世界地图、彩色人体图各 1 卷。共收入条目约 5.5 万个，合 3600 万个汉字；设置索引 14.5 万个。该书正编先按大类分卷，每卷之内再按日语五十音顺序编排条目；日本内容占有较大比重，18 个大类、20 卷正文中，日本历史、日本地理占了 2 个大类、4 卷。

《中国大百科全书》由中国大百科全书出版社于 1980 ～ 1993 年出版，正文 73 卷；1994 年补出《总索引》1 卷，凡 74 卷。全书共收入条目 7.95 万个，计 1.3 亿字；配有图片 5.9 万幅；设置内容分析索引约 35 万个（不含条目数）。全书按学科或知识门类设置卷目卷次。66 个学科或知识门类设置为 55 个卷目、73 个卷；每个卷目内按汉语拼音顺序并辅以汉字笔画顺序编排条目，即所谓大类分卷、卷内音序排列法。《中国大百科全书》是在以胡乔木为首的中国大百科全书总编辑委员会的主持下，由全国各学科、各领域的 2 万余名专家学者，毕 15 年之功编纂而成，工程浩大，巨制皇皇。《中国大百科全书》在充分总结 200 多年来世界各国编纂百科全书经验的基础上，结合中国国情，纵缩古今，吸纳中外，高度概括地记述了有关哲学、社会科学、文学艺术、文化教育、自然科学、工程技术等方面的基本知识，体现了中国及第三世界国家的特色，册叶浩瀚，内容宏富，适于高中以上、相当于大学文化程度的广大读者使用，对其他读者也有较大的查考、学习和收藏价值。

在《中国大百科全书》开纂之前，"百科全书"一词早已于 19 世纪末传入中国。20 世纪初至 50 年代，不少志士作过编纂百科全书的努力，但皆因不合时势，未成大业。1978 年中共十一届三中全会召开前夕，姜椿芳先生顺乎天时，发出《关于编辑出版〈中国大百科全书〉的倡议》，终于激起反响，得到国家批准和学界呼应。中国现代百科全书编纂大业遂由此肇始。先河既开，20 多年来，中国（含台湾省）已出版了数百种各种类型、规模的百科全书，包括《中国大百科全书》《中国大百科全书（简明版）》《中华百科全书》（大陆、台湾各有一部）《中国医学百科全书》《中国军事百科全书》《黑龙江百科全书》《广州百科全书》，等等。《中国大百科全书（第二版）》自 20 世纪 90 年代中期开始编纂，历时 10 载，亦将告竣（2009 年出版；2011 年又编纂出版了《中国大百科全书（第二版简明版）》。——再版注）。百科全书出版事业在中国正呈繁荣之势。

百科全书的特征与类型
——兼与他类辞书比较

百科全书是以知识主题为收录对象，概述人类全部知识或某一方面全部知识的工具书。

一

百科全书是一种工具书，具有工具书的基本属性。

1. 查考性。工具书是辅助学习的工具，而不是基本的学习途径。人们在学习、工作、生活中遇到疑难问题，往往要利用这个工具。人们利用工具书主要是为了释疑解惑，而不是为了系统地学习知识；主要是为了查考，而不是为了阅读。

2. 检索性。工具书是通过检索渠道来查考知识的，这是它区别于一般图书的显著标志。一般图书，有些也有检索性。如书前的篇章目录、文中的大小标题及序号、书后的名词索引等，本身也具有一定的检索功能。但这些检索功能与工具书比起来，是很微弱的。工具书的检索功能是编者按内容的特点和读者的特定需要专门设计的。通常，每种工具书都选择一种特定的编排方式，并提供一种至数种供读者检索的手段，或形序，或音序，或义序，或时序，并明确告之这些检索方式的具体使用办法。

3. 周密性。为保证读者检索、查考时不至落空，工具书在收纳特定范围和层面的知识时应力求全面，没有缺漏。编者对于该范围和层面内所有较稳定的知识，都应计划周密，按照统一的标准搜罗周全；对于主题之外的内容，则应坚决舍弃。

4. 简明性。为节省篇幅、提高使用效能，应对收集到的大量材料进行高度概括和浓缩，内容力求简明扼要，直截了当；不宜枝蔓横生，纠缠牵连。

5. 客观性。工具书是读者赖以了解问题、认识问题、解决问题的重要依据，是读者依赖的对象。因此，它向读者提供的知识必须是准确无误的，释义要准确，引证要准确，数据也要准确。对客观事实的介绍，要坚持科学的原则，不牵强附会；对学术观点的介绍，要坚持公认的原则，不偏颇一家之言；对社会现象的介绍，要坚持稳定的原则；对未有定评的现象，一般不收录或不作详尽记述。

6. 连续性。工具书是对长期积累下来的知识的总结性记述。随着人类所积累的知识日趋丰富和人类认识水平的日益提高，工具书所记述的知识也需要不断更新。但因为工具书所记述的知识是人类的基本知识，具有相对的稳定性，故它的更新是渐进的、局部的。这决定了工具书一方面具有较长的时效，不会从整体上过时和失效，另一方面它又必须随着时代的发展及时修订和完善。故从理论上说，工具书都有一个及时修订以便继续使用的问题。

二

百科全书除具有工具书的上述基本属性之外，还有它自己的个性特征。特征之一，就是它以知识主题为收录对象。这是百科全书区别于其他工具书，特别是与它关系比较密切的字典和词典等的主要标志。

字典以字为收录对象，词典以词为收录对象。按所收录的"词"的性质，词典可划分成不同的类别。但如何划分，学者们有不同的看法。有的学者将词典划分为语文词典和专科词典两大类，专科词典又再分为单科词典、多科词典和百科词典。这种分类法对"百科"作狭义理解，认为它是下位的"种"；对"专科"作广义理解，认为它是上位的"属"；同时对"专科"与"单科"有不同的理解。有的学者在将词典划分为语文词典和专科词典两大类之后，又将专科词典分成百科词典、人文学科的词典，以及社会科学、人类历史、基础科学与应用科学等学科词典，而百科词典又进一步分为百科全书、百科性语文词典、分类书目等。这种分类法一方面视"专科"为上位的"属"，"百科"、"学科"同为下位的"种";另一方面又将"百科"区别为"种"(百科词典)和"亚种"(百科全书),这显然不符合百科全书和百科词典的基本特征;与此同时,还对"专科"与"学科"作不同的理解。也有的学者将词典划分为语文词典、专科词典和百科词典三大类。这种分类法将"专科"与"百科"并列,"专科"指单一学科或某几个相关学科,"百科"则指全部学科。但实践中,几个相关学科的词典与全部学科的词典,在编辑特征上并无大的区别。还有的学者将词典划分为语文词典和百科词典两大类,而百科词典又包括专科词典,且更多的是具有百科全书的属性。

很多学者认为,词典即辞典。但也有的学者主张,词典即语文词典,以"词"为收录单位;以词组、成语、习语、定型化的句子、术语、专名为收录单位的语文工具书和专业工具书统为"辞典"。

笔者倾向于这样的观点：词典(dictionary)即语文词典或普通词典,按所收录语词的性质可分为通用词典和专用词典。辞典(lexicon)以术语和专名为收录对象,可分为百科辞典和兼名辞典。百科辞典之"百科",泛指与"语文"相对的其他诸种学科,与百科全书之"百科"含义相同;百科辞典又可划分为综合性百科辞典和专业百科辞典,后者也可以称为专科辞典。兼名辞典是那种既收普通语词,又兼收术语和专名的辞典。

根据以上观点,我们可将《现代汉语词典》《汉语大词典》《新英汉词典》归入词典类;将《苏联百科词典》归入辞典中的综合性百科辞典类;将《宗教大辞典》《中国集邮大辞典》归入辞典中的专业百科辞典（专科辞典）类；将《辞海》归入辞典中的兼名辞典类。

作以上区分的理由和意义：一是基本符合中国当前关于"词典"和"辞典"用法的实际情况；二是可从理论上说明几种"近亲"工具书之间的关系；三是有助于我们对百科全书及百科辞典的理解。

既然字典是以字为收录对象，词典是以普通语词为收录对象，辞典主要是以术语和专名为收录对象，而百科全书是以知识主题为收录对象，则它们在形式上的区别就容易理解了。

百科全书以知识主题为收录对象时，可以采用多种形式。现代最常用的形式是条目式，即将收入百科全书的知识主题用适当的词或词组甚或定型化的句子来标引，称为条头，条头和释文构成百科全书的基本单元——条目。释文介绍条头所代表的知识主题。

字典、词典、辞典和百科全书各自的个性特征可从它们的收录对象和基本组成单元上区别开来。鉴于它们在基本结构上有一定的共性，在历史上有过难以分割的关系，故可将它们统归入工具书中的一个大类，称为"辞书"。"辞书"与"辞典"一样，是中国及日本特有的名词。

三

百科全书的另一个特征，就是它所概述的是人类的全部知识或某一方面的全部知识。百科全书是为汇集知识的需要而出现的。知识是人类认识成果的总和。人类认识客观世界的进程是永无止境的，在此进程中所获得和积累的知识也是漫无际涯的。要将浩瀚无垠的知识全部记录到一部篇幅有限的百科全书之中，从理论上来说是断不可能的。因此，百科全书对于"全部知识"的记述是相对的，是相对于其他工具书而言的。

1. 较之于其他工具书，百科全书记述的知识最多，提供的信息量最大，可资查考的性能最强。一般工具书通常只提供一两类信息，即收录对象是什么（what），应如何（how）看待、理解、使用这些收录对象。辞典类工具书提供的信息要多一些，通常包括什么（what）、如何（how）、何人（who）、何时（when）、何地（where）。百科全书提供的信息最多，通常包括6个W，即除上述5个W之外，还要包括为什么（why）。百科全书通过对某一知识主题的全方位概述，向读者介绍该知识主题所表征的全部知识。

另一方面，百科全书是在既定的选题范围内，收录与该选题有关的全部知识并将其分解成一个个独立的知识主题。其他工具书的收录对象往往是单一类型或少数几种类型的。而百科全书的收录对象亦即"知识主题"则包括众多的类型，诸如学科和知识门类、基本理论和学说、基本概念、学派和流派、事实和现象、事件、人物、生物、实物、团体和机构、文献、国家、地名等等。百科全书通过收录各种类型的知识主题，向读者提供与既定选题相应的全部知识，使读者对人类全部知识或某一方面的全部知识有全面的了解。

2. 百科全书的高信息量和高查考性，决定了它必须具有较其他工具书更完备的检索功能，以适应不同类型读者的查检习惯和同一读者查检不同类型信息的需要。百科全书通常同时提供几种乃至十几种检索方式，包括分类检索、音序检索、形序检索、外文检索等基本检索方式，也包括主题词检索、时序检索、图片检索、参见检索、作者检索、专名检索等专项检索方式。百科全书通过它完备的检索功能，多渠道、多侧面地向读者推介知识。

3. 百科全书通常按事先设计的框架体系和编写体例组织撰稿、审稿和加工，其编纂工作较其他工具书更加周密、细致，要求更高，难度更大。在对框架、条目、条目要件、检索系统进行总体设计的过程中，既要高屋建瓴、总揽全局、综合平衡，又要细处入手、顾此及彼、取舍得当。在确定条目类型、条目释文的标准和规范时，更要条分缕析、思虑周详，从而制订出详尽的"施工"条例，为全书的编纂奠定基础。百科全书的编纂人员众多、编纂过程复杂，这要求编纂工作应有周密的计划和组织。

4. 百科全书的总篇幅及每一条目的篇幅通常均较其他工具书大，这对"简明性"提出了更高的要求。篇幅大是知识含量大、信息密集的需要，而不是冗长杂沓的理由。但实际情况是，篇幅越大，越难以把握中心、突出重点，越难免游离主题、旁生枝节，越容易不吝笔墨、弃约就繁。百科全书的简明性应在很好地把握框架和体例的基础上，逐级把关、层层逼近。

5. 客观性是所有工具书的基本属性之一，百科全书自不例外。百科全书是概述人类全部知识和某一方面全部知识的，而知识又是人类认识成果的总和，故如何反映人们的认识、如何对人类认识的成果进行取舍，最终要取决于编纂者的主观意志。介绍的知识越全面、越深入，主观意志的表现机会就越大。从这个意义上说，百科全书的客观性较之其他工具书要弱；或者说，百科全书对于客观性的把握较之其他工具书要难。编纂者的立场、观点不同，对人类知识的认同和取向也就不同。读者的价值观和人文环境不同，对知识的需求也就不同。不同的社会具有不同的价值观念和文化观念，各自的百科全书也就必然反映出这种观念上的差异，这是毋庸讳言的事实。与此同时，应当看到，百科全书毕竟是一种工具书，它所收录的是作为人类精神财富的基本知识，这些知识绝大多数是人类共同积累、共同认知并可以共享的。从这个意义上说，既不必讳言百科全书在指导思想上的倾向性，更不能忘记它在概述基本知识时的客观性。即便对于思想性较强的知识主题，也应本着实事求是的原则，在申明编纂者观点的前提下客观介绍。

6. 百科全书特别是大型综合性百科全书通常采用各种方式不断修订，以求连续出版，长期保有使用价值。修订的方式主要有4种。第一种是再版制，即每隔若干年乃至数十年，对旧版的体例、内容在整体上作较大的更改和更新，推出全新的版本。第二种是连续修订制，即在不改变全书体例的前提下，每隔一段较短的时间（通常是一年），更换条目中陈旧的内容，或更换部分条目，推出内容有所变化的新的印本。更换量通常不超过全书的20%。第三种是补卷制，即每隔一年或若干年推出一至数卷补卷，作为基础版本新增加的组成部分，提供新的知识，弥补不足，更替旧说，匡正谬误。第四种是年鉴制，即每年推出一本介绍新知识的年鉴，不作为基础版本的正式组成部分，但可与基础版本一起使用以补不足。上述四种修订方式有时也结合使用。

四

百科全书通常按其所收录的知识范围分为3个类型。概述人类全部知识的，称为综合性百科全书。概述某一方面全部知识的，分为两种情况：概述某一门类知识的，称为专业百科全书；概述某一地区全部知识的，称为地区百科全书。专业百科全书的"门类"，可以是一个或数个相关学科，也可以是一个或数个相关专业，还可以是一个或数个相关专题。地区百科全书的"地区"，大到洲域，中到国家，小到省、市、县等。

百科全书按其规模大小，可分为4个类型。20卷、4000万字以上的，可称为大型百科全书；10～19卷、2000万～4000万字的，可称为中型百科全书；3～9卷、600万～2000万字的，可称为小型百科全书；1～2卷、600万字以下的，可称为微型百科全书。当然，这种划分有较大的相对性。

百科全书按其读者对象，也可分为 4 个类型。适合大学以上文化程度的成人使用的，称为高级成人类百科全书；适合中等文化程度的成人使用的，称为普通成人类百科全书；适合少年特别是中学生使用的，称为青少年百科全书；适合儿童特别是小学生使用的，称为儿童百科全书。这种划分也有一定的相对性。

百科全书还可以按照其他方法划分类型，如可划分为条目型和篇目型，分类型和字顺型，文本型和电子型等等。

通过以上对百科全书性质和类型的探讨，可给出以下的图书分类框图（见下页）。

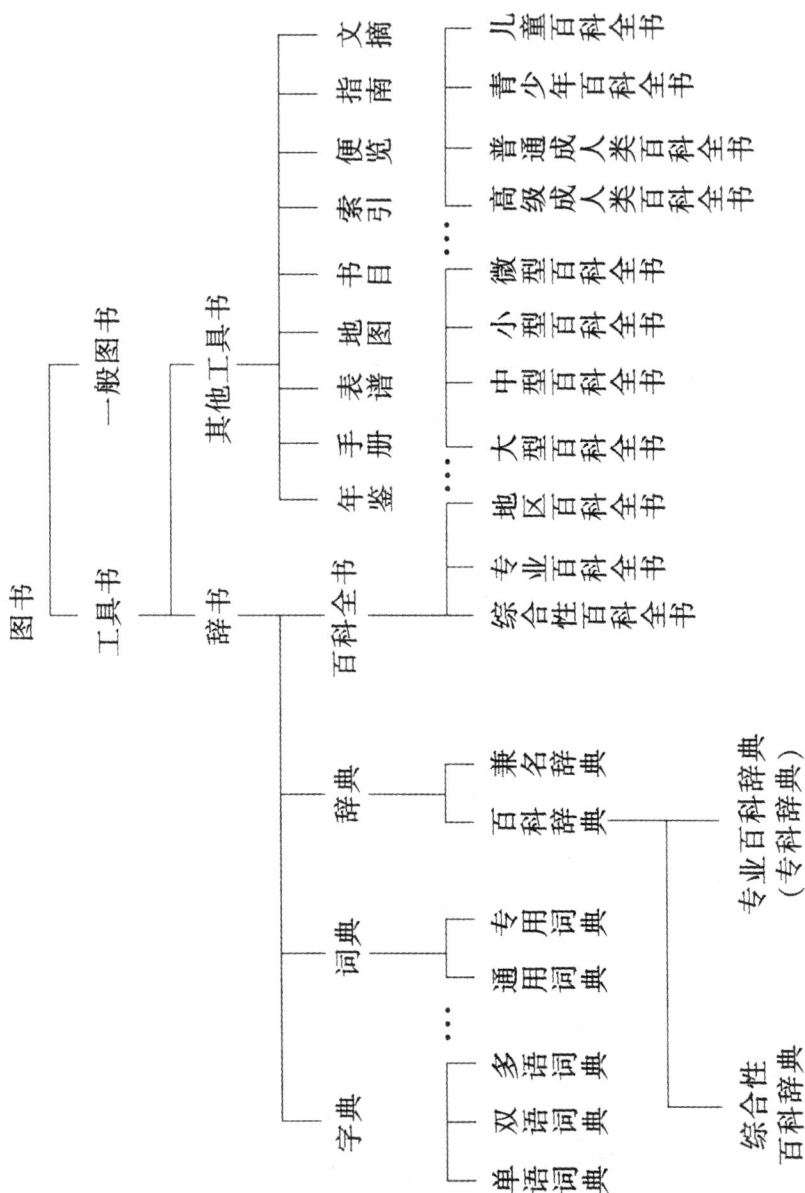

图书
- 工具书
  - 辞书
    - 百科全书
      - 综合性百科全书
      - 专业百科全书
      - 地区百科全书
      - 大型百科全书
      - 中型百科全书
      - 小型百科全书
      - 微型百科全书
      - 高级成人类百科全书
      - 普通成人类百科全书
      - 青少年百科全书
      - 儿童百科全书
    - 辞典
      - 百科辞典
        - 综合性百科辞典
        - 专业百科辞典（专科辞典）
      - 兼名辞典
    - 词典
      - 通用词典
      - 专用词典
    - 字典
      - 单语词典
      - 双语词典
      - 多语词典
  - 其他工具书
    - 年鉴
    - 手册
    - 表谱
    - 地图
    - 书目
    - 索引
    - 便览
    - 指南
    - 文摘
- 一般图书

——原载《中国辞书论集（1999）》，

上海辞书出版社，2000 年版。

百科全书的编纂与标准化

　　标准是为在一定的范围内获得最佳秩序，对活动或其结果规定共同的和重复使用的规则、导则或特性的文件。该文件经协商一致制定并经一个公认机构的批准。标准化是为在一定的范围内获得最佳秩序，对实际的或潜在的问题制定共同的和重复使用的规则的活动。

　　标准应以科学、技术和经验的综合成果为基础，以促进最佳社会效益为目的。标准化的过程也就是制定、发布及实施标准的过程，其重要意义在于改进产品、过程和服务的适用性，防止贸易壁垒，促进技术合作。标准化可以限定在任何对象的特定方面，如对大型工具书来说，其编纂体例也应该标准化。

　　百科全书是以条目为主体，概述人类一切门类知识或某一门类全部知识的完备的工具书。它不以提供系统阅读为主要目的，而是作为读者查考和寻检知识时使用的辅助工具。与字典、词典、人名录、地名录、地图集、手册、指南、年鉴等"专用"工具不同，百科全书是一种相对"完备的"工具，它几乎包容了各种工具书的要素，汇集了各方面的知识，要回答各种各样的问题。换言之，百科全书提供给读者的是释解各种问题的"标准"答案。这个"标准"主要体现在三个方面：一是就其条目内容而言，它由专家集团撰稿和审定，立论权威，反映了一定历史阶段的科学通识，这种通识具有"标准"的含义；二是就其条目释文而言，它普遍采用国际标准、区域标准、国家标准和行业标准，是现有各类标准的汇集；三是就其编纂过程而言，它通常遵循事先设计好的一系列编纂体例，这些体例实乃百科全书的技术规范或曰"施工标准"。

本文结合《中国大百科全书（简明版）》的编纂实践，从上述后两个方面谈谈百科全书的编纂与标准化。

一、采用现有标准，保证条目释文的规范化和权威性

条目释文中必须采用的标准主要包括以下几个方面。

1. 所用汉字，除特定情况下必须用繁体字的以外，一律采用国务院 1986 年 6 月 24 日批准、国家语言文字工作委员会 1986 年 10 月 10 日重新发表的《简化字总表》所列的简化字（收 2235 字）。

2. 所用汉字的字形标准，采用国家语言文字工作委员会和新闻出版署 1988 年 3 月 25 日联合发布的《现代汉语通用字表》（收 7000 字）。

3. 所用汉语的读音拼写标准，采用全国人民代表大会 1958 年

2 月 11 日批准公布的、国际标准化组织 1982 年承认为国际标准的《汉语拼音方案》；读音拼写规则，采用国家教育委员会、国家语言文字工作委员会 1988 年 7 月 1 日公布的《汉语拼音正词法基本规则》。该《规则》由国家技术监督局 1996 年 1 月 22 日发布为国家标准（GB/T 16159—1996），并于 1996 年 7 月 1 日起实施（2012 年 6 月国家质检总局和国家标准化管理委员会修订发布，2012 年 10 月实施，GB/T 16159—2012。——再版注）。

4. 所用汉语的读音标准，采用国家语言文字工作委员会、国家教育委员会和广播电视部 1985 年 12 月 27 日公布的《普通话异读词审音表》。

5. 所用科学技术名词术语，以全国科学技术名词审定委员会（即前身"全国自然科学名词审定委员会"）审定公布的为准；未经审定和尚未统一的，从习惯。

6. 所用计量单位，采用国务院 1984 年 2 月 27 日以命令形式发布的《中华人民共和国法定计量单位》；但援引中国史籍中统计数字时所用计量单位则仍其旧。

7. 所用量和单位的名称和符号，以国家技术监督局 1993 年 12 月 27 日发布、1994 年 7 月 1 日起实施的国家标准《量和单位》（GB3100～3102—93）为准。

8. 所用数字的写法，以国家技术监督局 1995 年 12 月 13 日发布、1996 年 6 月 1 日起实施的国家标准《出版物上数字用法的规定》（GB/T 15835—1995）为准（2011 年 7 月国家质检总局和国家标准化管理委员会发布《出版物上数字用法》，2011 年 11 月实施，GB/T 15835—2011。——再版注）。

9. 所用标点符号的写法，以国家技术监督局 1995 年 12 月 13 日发布、1996 年 6 月 1 日起实施的国家标准《标点符号用法》（GB/T 15834—1995）为准（2011 年 12 月国家质检总局和国家标准化管理委员会修订发布，2012 年 6 月实施，GB/T 15834—2011。——再版注）。

10. 所用中国地名，除历史地名外，以中国地名委员会审定的为准。

11. 所用外国地名，按中国地名委员会制定的《外国地名汉字译写通则》和各种译音表译写，并可参照中国大百科全书出版社 1984 年编辑出版的《世界地名录》和知识出版社 1988 年编辑出版的《世界地名翻译手册》。

12. 所用外国人名，按"名从主人"和"约定俗成"的原则译写，并可参照新华通讯社译名室编、中国对外翻译出版公司 1993 年出版的《世界人名翻译大辞典》。

13. 所用地图上中国国界线，按中国地图出版社 1989 年出版的 1∶400 万《中华人民共和国地形图》绘制。

14. 所附参考文献的著录方式，以国家标准局 1987 年 5 月 5 日批准、1988 年 1 月 1 日起实施的国家标准《文后参考文献著录规则》（GB/T 7714—87）为准（2015 年 5 月国家质检总局和国家标准化管理委员会发布《信息与文献　参考文献著录规则》，2015

年 12 月实施，GB/T 7714—2015）。

二、制订编纂体例，按照既定"标准"施工

百科全书作为一种大型工具书，其编纂工作是一项十分庞杂的系统工程。为了使各项编纂工作能有条不紊地进行，也为了保证全书的质量和使用功能，在条目设置、释文编写、图片配置、编排方法、检索方式等方面，都要有一套严格的要求，这些要求就是作为"施工标准"的编纂体例。

（一）条目设置

条目的设置必须符合三个条件：（1）是独立、稳定、有检索价值的知识主题；（2）能够用准确的、人们习惯和易于理解的词来标引；（3）适于读者快速查阅。

条目通常由条头（条目标题）、条目释文、插图、表格、参见系统、索引主题、参考书目等要素组成。其中，条头的设计是条目设置的关键。

条头的设计标准是：（1）条头应能概括或代表所述的知识主题；（2）条头应是规范的、通用的词或词组；（3）条头应力求简明，一般不超过 5 个词；（4）为便于检索，关键词应尽量前置。按以上标准设计出的条头决定了它不同于一般文章的题目，也不同于教科书的章节名称。

对于符合条目设置条件和条头设计标准的条头，还必须进行一元化处理，做到一个条头所代表的条目只记述一个知识主题，一个知识主题主要由一个条目来承载。

条头一元化处理的标准是：（1）同一概念有几个名称时，选择最常用的、读者易于检索的名称作为实条条头，其他名称视具体情况或设为参见条目，或列为索引中的款目；（2）不同概念具有同一名称时，分别设为条头；（3）由一个概念派生出几个概念且具有同一名称时，设为一个条头。

条头后加附相应的外文，作为条头的组成部分。条头外文是中文概念与外文概念的对译，不是词与词的对应。它包括英文、拉丁文或其他拉丁字母文字。条头外文的附注标准是：（1）一般条目的条头附英文。（2）生物物种条目附拉丁文学名，如还有相应的英文则还应加附英文，二者之间用分号隔开；少数无拉丁文学名的只附英文。（3）人名、书名、地名、国名、组织机构名等附国际通用的英文、法文等拉丁字母文字。（4）非拉丁字母文字（如俄文等），应按国际通用的转译法译成拉丁字母文字。

人物、朝代条目的条头外文后，相应加注生卒年或起讫时间。

（二）条目类型

条目可按篇幅长短分为特长条目、长条目、中条目、短条目、特短条目等类型，但这种长短划分是相对的。

通常，我们将条目按其内容划分为 14 个标准类型，并以此制订编写提纲，组织编撰：（1）学科或知识门类条目；（2）基本理论和学说条目；（3）基本概念条目；（4）事实、现象条目；（5）学派、流派条目；（6）事件条目；（7）人物条目；（8）团体、组织机构条目；（9）著作和出版物条目；（10）现代国家条目；（11）历史朝代、古代国家条目；（12）地名条目；（13）实物条目；（14）其他条目。

（三）插图类型

插图可按其表现形式分为线条图、黑白照片、彩色照片、地图等类型。

通常，我们将百科全书的插图按其内容划分为13个标准类型，并以此制订配图方案，组织绘制或拍摄：（1）重要人物配图；（2）重大事件配图；（3）自然风貌、名胜古迹、建筑园林配图；（4）化石、矿物、植物、动物配图；（5）科技成就配图；（6）作品、艺术品、印刷品配图；（7）器具、物品配图；（8）原理、结构配图；（9）人种、风俗、服饰配图；（10）文体、娱乐配图；（11）机构团体配图；（12）地图，包括历史地图、自然地图、资源分配图、行政地图、城市略图等；（13）其他配图。

（四）条目格式

包括条目的基本格式、公式规范、表格规范、插图规范等，均制订有统一的标准。

（五）条目释文

除大量采用现行标准外，对时代、年代、时间的写法，人物身份、籍贯、学历、经历、任职、著作和作品的写法，正称、又称、简称、并称的写法，名次的写法，引文的写法，起止的写法，括注的方法等，均制订有相应的标准。

（六）参见和索引

参见和索引的设置比例和设置方法，也制订有统一的标准。

标准化是现代社会日趋有序的需要。迄今为止，仅我国制定的国家标准就有 1.8 万个左右。各种标准的制定、颁布和实施，促进了社会的进步，为人们的生产和生活带来了便利。百科全书作为一种特殊的精神产品，其编纂的标准化不仅决定了编纂过程的难易，更直接决定了编纂结果即成书的质量高低。一部反映了一定历史阶段的科学通识、符合现行的各类标准，又具有较好的体例规范的百科全书，无疑就是一部帮助人们释解一切门类知识或某一门类全部知识的标准答案。百科全书编纂者所要做的，就是努力使这些"答案"更准确、更权威、更接近科学的标准。

——原载《辞书研究》1999 年第 1 期

百科全书编纂中应当考虑的基本问题

　　百科全书的编纂是一项系统工程，其过程往往十分复杂。长期以来，百科全书的编纂者在各自的编纂实践中，总结出了许多有关合理安排编纂流程的经验和方法，其中不乏带有普遍性的规律，但更多的还是针对特定编纂对象的具体经验和方法。对于百科全书基本流程的探讨，关乎百科全书的编纂方法是否科学合理，编纂工作是否高效，编纂成果是否具有较大的价值。这是百科全书编纂者和组织者首先要关注的问题。

　　百科全书的编纂工作，从总体上说，可以分为设计和施工两大阶段。全书的主要目标亦即编纂主旨的确定是设计的前提和出发点；编撰团队的组织是设计的基础，它既为设计选定主体，又为设计的实施选定主体；撰稿、审稿和加工、排版检读等编纂阶段是按既定的设计方案进行的具体施工。因此，就百科全书的整个编纂工作而言，它的关键性的问题，亦即决定全书基本质量、特色和进度的基本问题，就是它的设计。

百科全书的设计包括总体设计和具体设计两个环节。

总体设计包括框架设计、条目设计、条目要件设计、检索系统设计 4 个方面，它决定全书的架构和基本特征，也决定全书施工的基本方向和基本要求。

具体设计即确定全书的施工标准和规范，主要包括确定条目类型及分类编写提纲、条目释文的标准、条目释文的规范 3 个方面，它决定全书的风格和细节特征，也决定全书施工的具体要求和操作技巧。

百科全书与其他图书在编纂方法上的最大区别，就是前者是众多编撰者按照统一意志合作完成的，具有统一风格的集体作品。因此，它的设计思想和要求始终体现在它的编纂过程当中。换言之，众多的编撰者在编纂过程中要始终坚持既定的编辑方针和设计思想，将个人意志纳入集体意志的轨道，使自己的工作不断逼近设计、完善设计。唯有如此,百科全书的编纂工作才能环环相扣、循序渐进，多头并举、良性互动，从而完成符合编纂主旨的成功的作品。

综上所说，笔者概括出百科全书编纂过程中应当考虑的基本问题如下。

一、百科全书编纂流程

1. 确定主旨

2. 组织团队

3. 总体设计

4. 确定标准和规范

5. 撰稿

6. 审稿和加工

7. 排版检读

二、百科全书的框架

1. 人类知识体系

2. 百科全书框架体系

3. 根据编纂主旨设计框架

4. 横向关联——重复交叉问题

5. 纵向关联——通贯条目

6. 表里关联——显条和隐条

三、百科全书的条目

1. 条目定义（释义）

2. 条目形式

3. 条目内容

4. 条目容量（级别）

5. 条目类型

6. 条目一元化

四、百科全书条目的构成要件

1. 释文的文体

2. 图像的形式

3. 图像的内容

4. 表格

5. 公式

6. 推荐书目

7. 多媒体百科全书的音响、影像和动画

五、百科全书的检索系统和附件

1. 条目编排方式

2. 参见

3. 索引

4. 附件——前言；凡例；附录；署名

5. 附录——大事记；朝代表；国家表；地图集；专题表

6. 检索系统

7. 多媒体百科全书的检索

六、条目的分类编写提纲

1. 学科、知识门类条目

2. 基本理论、学说条目

3. 基本概念条目（含人种、民族、病症）

4. 学派、流派条目

5. 事实、现象条目

6. 事件条目（含会议）

7. 人物条目

8. 生物条目

9. 实物条目

10. 团体、组织、机构条目

11. 文献条目

12. 国家条目

13. 地名条目

14. 其他条目

七、条目释文的标准化

1. 标准的含义

2. 政治标准

3. 学术标准

4. 技术标准

八、条目释文的规范化

1. 称谓

2. 名次

3. 时序和纪年

4. 注释

5. 非标准用字的规范化

6. 非标准术语的规范化

7. 非标准译名的规范化

8. 资料核实

1999 年 1 月

从《中国大百科全书（简明版）》的
编纂实践谈百科全书的编纂规范

　　百科全书作为一种大型工具书，其编纂工作是一项十分庞杂的系统工程。为了使各项编纂工作能有条不紊地进行，也为了保证全书的质量和使用功能，在条目设置、释文编写、图片配置、编排方法、检索方式等方面，都要有一套严格的要求，这些要求通常称为编写体例或编辑体例。编写体例是百科全书编纂者据以设计和施工的必不可少的规范性文件。《〈中国大百科全书〉编写体例》《〈中国大百科全书〉编写体例的补充规定》《〈中国大百科全书〉配图条例》《〈中国大百科全书〉地图编制工作条例》等，就是这样的规范性文件；吴希曾先生主持制订的《〈简明中国大百科全书〉编辑体例实施细则》，也是这样的规范性文件（《简明中国大百科全书》今已改名为《中国大百科全书（简明版）》）。

　　在《中国大百科全书（简明版）》的编纂实践中，我们体会到，仅有一部编辑体例，还不足以解决编纂过程中遇到的全部具体问题，对这些具体问题，有时还要作进一步的规定或约定，这种规定或约定也是一种规范，本文便从这个角度谈谈百科全书的编纂规范。

一、条目

百科全书是以条目为主体，概述人类一切门类知识或某一门类全部知识的完备的工具书。

就百科全书的性质而言，它是一种工具书，具有工具书的共性，即不以提供系统阅读为主要目的，而是作为读者查考和寻检知识时使用的辅助工具。一般而言，多数工具书是一种"专用"工具，即一种类型的工具书通常只回答一两个方面的问题。比如：字典、词典主要回答 what，人名录主要回答 who，地名录、地图集主要回答 where，手册、指南主要回答 how，年鉴主要回答 when、where、what。但百科全书却是一种相对"完备的"工具，它几乎包容了各种工具书的要素，汇集了各方面的知识，要回答各方面的问题。百科全书在使用功能上的完备性，决定了它的编纂规范的多重性。

就百科全书的结构而言，它以条目为基本单元，条目既是编者用以组成百科全书的基本单元，又是读者用以快速寻检和参阅某一主题知识的基本单元。与字典的基本单元——字、词典的基本单元——词不同，条目的设置带有更多的主观性，因而也就必须给予更多的限定。否则，条目设置就会失之于精当，条目框架就会失之于均衡。

二、条目设置

条目的设置必须符合三个条件：①独立、稳定、有检索价值的知识主题；②能够用准确的、人们习惯和易于理解的词来标引；③适于读者快速查阅。

条目通常由条头、条目释文、插图、表格、参见系统、索引主题、参考书目等要素组成。其中，条头的设计是条目设置的关键。

1. 条头

条头或称条目标题是所述条目的标引词，它的设计必须符合四个要求：①标引词应能概括或代表所述的知识主题；②标引词应是规范的，通用的词或词组；③标引词应力求简明，一般不超过 5 个词；④为了检索的方便，标引词中的关键词应尽量前置。条头的这些特点决定了它不同于一般文章的题目，也不同于教科书的章节名称。

对已符合条目设置条件和条头设计要求的条头，还必须进行一元化处理，做到一个条头所代表的条目只记述一个知识主题，一个知识主题主要由一个条目来承载。需要说明的是，此条目所记述的知识主题与彼条目所记述的知识主题可能有交叉——这是条目之间有时要互相参见的原因——但决不能重叠；一个条目所记述的知识主题可能在其他条目中也会涉及——这是一个条目的条头有时还是其他条目的索引主题的原因——但它的主要内容应集中反映在本条目之中。

设计条头时应注意以下几个问题：

①同一概念有几个名称时，应选择最常用的、易于读者检索的名称作为实条条头，其他名称视具体情况或设为参见条目，或做成索引。例如：

设曹操／魏武帝（见曹操），以本名为实条，谥号为参见条，不设为魏武帝曹操；

设汉武帝／刘彻（见汉武帝），以谥号为实条，本名为参见条，不设为汉武帝刘彻、汉世宗刘彻；

设康熙帝／清圣祖（见康熙帝），以习称（年号加称号）为实条，庙号为参见条，本名（不含姓）玄烨做索引，不设为清圣祖玄烨、爱新觉罗玄烨；

设茅盾／沈雁冰（见茅盾），以常用的笔名为实条，字为参见条，原名沈德鸿做索引；

设英国／大不列颠及北爱尔兰联合王国（见英国），以简称为实条、全称为参见条；

设菲律宾，以简称为实条，全称菲律宾共和国做索引；

设计算机辅助设计／CAD（见计算机辅助设计），以全称为实条，英文简称为参见条；

设哺乳纲／兽类（见哺乳纲），以学名为实条，通称为参见条，其他习称如哺乳动物做索引：

设向量 / 矢量（见向量），以数学名为实条，物理名为参见条。

②不同概念具有同一名称时，应分别设为条头。例如：

设宋、宋、宋三条，分别介绍战国时宋国、南朝宋朝、赵宋王朝，不应将三个不同的宋设为一条然后分项介绍。另外，以上三个条头在书中按音序排列时，应以出现时间先后为序。

设培根、培根、培根三条，分别介绍英国唯物主义哲学家和作家 F. 培根（1561 ～ 1626）、英国画家 F. 培根（1909 ～ 1992）、英格兰哲学家和基督教僧侣 R. 培根（约 1214 ～ 1294）。以上三个条头在书中按音序排列时，先以名的首字母为序，再以生年为序。

设《东方红》《东方红》两条，分别介绍民歌和音乐舞蹈史诗，这两者之间虽有联系，但体裁、内容均不相同，也没有接续关系。

③由一个概念派生出几个概念且具有同一名称时，应设为一个条头。例如：

设《白毛女》一条，释文中按时间顺序分别介绍其由歌剧发展为电影、京剧和芭蕾的情况，可以分段叙述甚或加层次标题，但不要像词典那样用圈码①②③④分列成四个义项。

2. 条头外文

条头中文后加附相应的外文，作为条头的组成部分，条头外文是中文概念与外文概念的对译，不是词与词的对应，它包括英文、拉丁文或其他拉丁字母文字。

①条头外文有几个同义词时，它们之间用分号（；）隔开，条头外文不附缩写形式，重要的缩写可在释文内说明。

②一般条目的条头中文后附英文，英文一般用正体，但书刊、作品等汉字条头加书名号者用斜体；字母一般小写，但专名（如人名、书名、地名、组织机构名）每个实词的第一个字母大写。

③生物物种条目附拉丁文学名，如有相应的英文则还应加附英文，二者之间用分号（；）隔开；少数无拉丁文学名的只附英文；拉丁文有正、斜两种：科以上的（包括界、门、纲、目、科）用正体，属以下的（包括属、种）用斜体；拉丁文学名第一词的第一个字母均大写，英文名均用小写。

例如：鲤形目 Cypriniformes ；　　carplike fishes

　　　　　（拉丁文，科以上）　（英文）

金鱼　gold fishes

　　　（英文)

鲫　　*Carassius* ；　　　　crucian carp

　　（拉丁文，属以下）　（英文）

又如：虎　*Panthera tigrs* ；　tiger

　　　　　（拉丁文，属以下）（英文）

④少数国家、国际机构等条目可附国际通用的法文等拉丁字母文字。

⑤非拉丁字母文字（如俄文等），应按国际通用的转译法译成拉丁字母文字，通名采用意译法译成英文，专名（人名、地名等）

采用音译法。

⑥人物条目一律附上用拉丁字母文字表示的读音，并在读者后括注生卒年。

a) 中国、日本、朝鲜、越南人物条目，其条头中文为全名（姓＋名），其后附用拉丁字母表示的与条头中文对应的读音。例如：

韩愈 Han Yu; Han Yü （768 ～ 824）

毛泽东 Mao Zedong ; Mao Tes-tung （1893 ～ 1976）

中曾根康弘 Nakasone Yasuhiro（1918 ～）

金日成 Kim Il-sung（1912 ～ 1994）

胡志明 Ho Chi Minh（1890 ～ 1969）

b）其他国家的人物条目，其条头中文或为全名，或为姓氏，但其后一律附用拉丁字母表示的全名。例如：

爱因斯坦 Einstein，Albert（1879 ～ 1955）

谢瓦尔德纳泽 Shevardnadze; Eduard Amvrosivevich（1928 ～）

卡达尔·亚诺什 Kádár János（1912 ～ 1989）

c) 外国历史人物带有绰号、地名等附加成分时，其附加成分在条头中文中括注在人名后，在条头外文中用逗号（,）隔开放在人名之后。例如：

腓特烈一世（红胡子）Friedrich I, Barbarossa（约 1123 ～ 1190）

芝诺（埃利亚的）Zenon，Eleates （约前 490 ～约前 436)

三、条目类型

1. 条目按篇幅长短分为 5 类，并按以下原则掌握：

①特长条目：4000 ～ 10000 字

包括：一级学科（如哲学、物理）；

重要国家（如美国、俄罗斯、法国、埃及、日本、印度）；

重要朝代（如唐）；

重大机构团体（如中国共产党）。

②长条目：1000 ～ 4000 字

包括：二级学科（如中国体育、光学）；

较重要国家（如加拿大、乌克兰、西班牙、以色列、越南）；

较重要朝代（如隋、笈多王朝）；

较大机构团体（如中央军事委员会、中国国民党、美国民主党）；

重要地名（如中国的湖南省等省级地名，外国的纽约市等特大城市）；

伟大人物（如孔子、李白、毛泽东、华盛顿、莎士比亚、爱因斯坦）。

③中条目：400 ～ 1000 字

包括：重要概念（如仁、中国画、郡县制、军种、力）；

一般国家（如智利、阿尔巴尼亚、梵蒂冈、科威特、尼泊尔）；

一般古国名（如燕、赵）；

一般机构团体（如中国科学院、北京大学、波兰统一工人党）；

较重要地名（如广州市、深圳市、洛杉矶市等大城市）；

杰出人物（如鲁迅、钱学森、江泽民、戴高乐、乔叟）；

重要书刊（如《本草纲目》《天工开物》《红楼梦》《圣经》）。

④短条目：100 ～ 400 字

包括：一般概念（如北京国际航空港、经济特区、兵种、皇姑屯事件）；

很小的国家和地区（如圣多美和普林西比）；

较小的机构团体（如中国佛教协会、中国共青团、九三学社）；

一般地名（如丰都市、佛山市等中国地县级地名，和辛辛那提等外国一般城市）；

一般人物（如叶挺、李铁映、陈景润）；

一般书刊、作品（如《光明日报》《三侠五义》）。

⑤特短条目（含参见条）：100 字以内

包括：很小的概念条目；

简单介绍后参见其他条的条目；

参见条。

这里所划分的重要、较重要、重大、较大、伟大、杰出和一般仅是为了说明编辑要求，不是严格的语义上的划分。

2. 条目按内容分为 14 类，并按以下编写提纲掌握：

①学科或知识门类条目：

a）定义；

b）定性叙述：在整个科学体系或人类社会中的位置／主要研究领域和对象／主要研究方法和手段；

c）简史：起源／发展／现状；

d）基本内容／分支学科；

e）与邻近学科或知识门类的关系及相互影响；

f）对人类科学、文化和生活的作用和影响；

g）存在的问题／发展趋势。

②基本理论和学说条目：

a）定义／定性叙述；

b）简史：创建人／形成／发展；

c）基本内容；

d）应用范围／作用／影响；

e）存在的问题／发展趋势。

③基本概念条目：

a）定义；

b）定性叙述：内涵和外延／母概念和子概念；

c）基本内容；

d）应用／作用。

④事实、现象条目：

a）定义；

b）定性叙述：存在的时空范围／分类及描述；

c）发生／发展；

d）研究情况：理论解释及各家学说 / 争论的问题及焦点 / 主要研究成果；

e）展望。

⑤学派、流派条目：

a）定义；

b）定性叙述：产生的时间和地点 / 背景 / 创始人；

c）形成 / 演变 / 与其他学派、流派的关系 / 代表人物 / 主要观点、理论和著作；

d）作用 / 影响。

⑥事件条目：

a)定性叙述:性质 / 背景 / 发生时间和地点 / 领导者和参加者；

b）起因 / 过程 / 结果；

c）评价：直接作用 / 影响 / 历史意义。

⑦人物条目：

a）身份；

b）籍贯 / 生卒年；

c）出身 / 学历 / 经历 / 任职 / 荣衔；

d）成就 / 地位 / 影响；

e）著作和作品。

⑧团体、组织机构条目：

a)定性叙述:性质 / 所在地 / 建立时间 / 创建人和重要领导人；

b）内部组织 / 主要活动 / 主要出版物；

c）作用／影响。

⑨著作和出版物条目：

a）定性叙述：学科类别或方面／出版或创刊时间／著作人或创刊人／出版或编辑单位／版本或刊种／再版次数或总期数；

b）主要内容；

c）地位和影响。

⑩现代国家条目：

a）中文全称、外文全称；

b）定性叙述：主要自然特征／疆界与四邻／面积／人口／首都／行政区划；

c）历史；

d）地理与自然资源；

e）政治／法律／军事；

f）经济／人民生活；

g）文化／科技；

h）对外关系。

⑪历史朝代、古代国家条目：

a）别称；

b）创建人、时间、被替代朝代或国家；

c）亡国人、时间、替代朝代或国家；

d）世系；

e）政治、军事、经济、文化、社会发展史／主要成就／著名人物；

f）在整个历史中的地位和影响。

⑫ 地名条目：

a）简称、别称；

b）定性叙述：所属国家和地区／地理位置、经纬度／面积／人口／下辖行政单位（对行政地名）；

c）建制沿革（对行政地名）／发现和开发史（对自然地名）；

d）自然资源和物产／经济状况／人民生活；

e）人文、名胜。

⑬ 实物条目：

a）实物定性；

b）［物品］制作或发掘时间、地点／［构筑物］建造时间、位置；

c）［物品］尺寸、形态／［构筑物］占地、规模、造型特点；

d）功用／价值；

e）影响。

⑭ 其他条目。这里不一一列举。

四、条目格式

1. 基本格式

①条头中文顶格排印，用5号黑体。

②条头中文后空一格附外文，用5号宋体。

③一般条目外文后空一格起正文，人物条目、历史朝代或古

代国家条目外文后紧接着括注生卒年或起止年，再空一格起正文，正文用小 5 号宋体。

④条头异称和又称放在定义之后。

⑤中、短条目一般不分段，不设层次标题；特长条目和长条目分段，可设层次标题。只有一层标题时，用小 5 号楷体；有上、下两层标题时，依次用小 5 号黑体、小 5 号楷体；有上、中、下三层标题时，依次用 5 号仿宋体、小 5 号黑体、小 5 号楷体。用小 5 黑、小 5 楷标题时，前空两格，后空一格起正文；用 5 仿标题时，居中占行。

⑥分列事项用圈码①、②、③……表示。

2. 公式

公式及释文中的物理量符号，凡变量均用斜体，凡常量（如 π）、运算符号（如 Σ）、代号（如△形）均用正体；大小写应遵守有关规定和习惯。

3. 表格

①表格上方应有表题；一个条目有两个以上的表时应加序号；

②释文与表的呼应形式为"（见表）"或"（表 1）、（表 2）"。

4. 随文插图

①插图与释文内容完全切合且一个条目只有一个图时，不加图题；否则，插图下方应加图题；一个条目有两个以上的图时应加序号；

②释文与插图的呼应形式为"（见图）"或"（图 1）、（图 2）"。

5. 资料核对

①所有资料均须有两个以上的根据并经核对无误；

②资料应有一个统一的截止期。

6. 标准化

①所用科学技术术语，应以国家技术监督局（即前国家标准局）公布的和全国自然科学名词审定委员会审定的为准；未经审定和尚未统一的，从习惯。

②所用地名，除中国历史地名外，应以中国地名委员会审定的为准。

③所用字体，除必须用繁体字的以外，一律采用国家语言文字工作委员会 1986 年重新发布的《简化字总表》所列的简化字。

④所用计量单位，采用《中华人民共和国法定计量单位》；援引中国史籍中统计数字所用的计量单位则仍其旧。

⑤所用地图上的国界线，以中国地图出版社最新公开出版的相应地图上的国界线为准。

⑥外国人名、地名、组织机构名、民族名、书刊名等的中译名，应按"名从主人"和"约定俗成"的原则统一；无法统一的译名应用括号加注异称。

7. 外国人名

①释文中外国人名的写法与条头不同，应从所在国习惯确定姓和名的先后顺序；

②除日本、朝鲜、越南等国人名外，其他外国人名在条目

中第一次出现或只出现一次时，名的第一个字母大写加缩写点，再写姓的中文名称（如 G. 华盛顿）；但在条头中则作"华盛顿 Washington，George"；

③某一外国人名在同一条目中第二次出现时，可不再加名的缩写。

8. 数字写法

①以下数字用阿拉伯数字：统计数据；公元纪年；生卒年月日；时间；温度；经纬度；财政年度；现代书刊的版次、卷次、期号；图号；表号。

②万以下的数字直接写（如 2560），万以上的数字以万和亿为单位写出（如 1000 万、2.5 亿）。

③以下数字均用汉字：夏历纪年；中国历史朝代年号；星期；中国古籍卷次；成语、专用名词、习惯用语（如七上八下、五卅运动、两三亩）；表示次第的数字（如第三行、第二类、第十二届）。

9. 计量单位表示法

①行文中的单位一般用中文名称，必要时括注符号；

②"℃"（摄氏度）"K"（绝对温度）"°"" ′ "" ″ "（角度、分、秒）等常用单位从习惯，用符号表示；

③计量单位须使用外文符号时，均用正体；由人名命名的计量单位符号用大写，余用小写。

10. 时间表示法

①释文中直接出现的时间，分别不同情况，写如：公元前

××年，公元前××世纪，公元前××～前××年，公元
前××～前××世纪，公元前××～公元××年，公元前
××～公元××世纪,××年(公元后100年以外),公元××年(公
元后99年以内)，××世纪，××～××年，××～××世纪。

②人物条目、历史朝代或古代国家条目的条头后括注的生卒
年或起止年，以及释文中人物、中国历史纪年等后面括注的时
间，分别不同情况，写如：(前××年)，(前××世纪)，(前
××～前××)［人物后省年字］或(前××～前××年),(前
××～前××世纪),(公元前××～公元××)［人物后省年字］
或(公元前××～公元××年),(公元前××～公元××世纪),
(××年)［公元后100年以外］，(公元××年)［公元后99年
以内］,(××世纪),(××～××)［年］,(××～××世纪)。

③括注的起止时间，不能完全确定的写如：(约
××～××)、(××～约××)、(约××～约××);完全不
知道的写如：(?～××)、(××～?)。

五、条目释文要求

1. 人物条目释文

人物条目的释文往往写得五花八门、繁杂不清，故有必要作
严格规定：

①身份：

　　a)包括国籍、朝代和专门家别,一般不包括职务,但国家、政府、重要党派、重要国际组织的主要领导人的身份应包括其职务;

　　b）专门家别应尽量用"学科"概念,而不用"子学科"概念。如尽量用"物理学家"而不用"理论物理、粒子物理学家";

　　c）科学家、文学家、艺术家、音乐家、学者、思想家等概念,分别比物理学家、小说家、美术家、演奏家、××研究者、哲学家等"学科"概念宽泛,分量也重,故应实事求是,慎重使用;

　　d）交叉学科不能轻易简化为一个学科。如"历史地理学家"不能简化成"地理学家";

　　e）一个人物有几重身份时,各重身份之间不应有包含关系。如不要说"文学家,小说家";

　　f）身份前面不加"伟大的""杰出的""著名的""反动的"等定语进行褒贬;

　　g）不完全具备某一身份时,不要通过加限定语的方式凑数。如"马星野　报刊主编、新闻教育家、新闻学者、台湾新闻界领导人之一"一句,同时违背了a)、b)等款的规定,应视具体情况改为"马星野　新闻家"或"马星野　新闻家,教育家"或"马星野　新闻家,教育家,学者"等,另可在文中提及"长期担任台湾新闻界领导工作";

　　h）工程技术方面的专家可以称"××工程学家",也可以称"××工程专家",视具体情况而定;

　　i）一个人物有几重身份时,身份之间用逗号(,)隔开,不用顿号或其他符号；

j）一个人物跨越两个历史时期时，不同历史时期之间用顿号（、）隔开，如"俄国、苏联文学家"，"苏联、俄罗斯数学家，物理学家"；

k）性别一般不要与身份混在一起，如"宋代缂丝女工艺家"应改为"宋代缂丝工艺家，她……"；但身份与性别确有关系时例外，如应说"女子铅球运动员""女高音歌唱家"等。

②籍贯：

a）一般具体到县、市级，但不出现"县""市"等字样：如"××省××县人"应改为"××××人"，如"福建惠安人"；

b）古今地名不同时，应视具体情况分别括注"（今××县）""（辖今××县）""（治今××县）"等字样。

③生、卒时间和地点：

a）生、卒地点与籍贯不同时，应单独写出；

b）重要人物的生、卒时间应具体到月、日，一般人物可只写到年；

c）卒年一般写作"××年卒于×地"或"卒于××年"，不写作"享年××岁"等。

④学历、经历和任职：

a）一个阶段的学历一般只写终了时间，不要既写开始时间又写终了时间。如不要写"××年入××大学学习，××年毕业，同年获××学位"，而应简写成"××年获××大学××学位"；

b）一个阶段的任职一般只写开始时间。如不要写"××～××
年历任……"，而应改成"××年起，历任……"，然后接下一个
任职阶段；

c）在某一组织机构内逐步升职时，一般只提最高职务。如可
写成"××年入兵部，累官至兵部侍郎"，又如"曾任清华大学助教、
讲师、副教授、教授"可简写成"曾任清华大学教授"；

d）高职与低职之间有必然联系时，只提高职。如"任中共
十四届中央委员、政治局委员、政治局常委"，应简写成"任中
共十四届中央政治局常委"；"任中国物理学会第三届理事会理事、
理事长"，应改为"任中国物理学会第三届理事会理事长"；

e）历任职务之间一般用顿号（、）；在多个组织机构分别任不
同职务时，同一机构内的不同职务间用顿号（、），不同机构间用
逗号（，）；

f）获职、获衔、获奖情况用主动态，不用被动态。如应写作
"××年任（领、迁、谪）××职"，不应写作"××年被选为（被
任命为、被授予、被谪为）××职"；

g）任职应以本人为主语。如王濬条中"后（晋）武帝升王
濬为抚军大将军……"应改为"武帝时为抚军大将军"。

⑤著作和作品：

a）一般写法有"有《××》行世""遗有《××集》""后世（弟
子）辑有《××》""著（译）有《××》等××种""撰有《××》
等论文××篇""作品有《××》等××件"等，不用"刊行了"

"出版了""发表了"等字样；

b）著作和作品很多时尽量说出具体数量，特别多时可加"著述甚丰"等字样，不要用"主要作品有""主要代表作有"等含混字样。

2. 书面语与俗语

一般应采用书面语言，忌用俗语、大白话。如"早年在井冈山拉队伍"应改为"××年代在井冈山组织××武装"。

3. 正称与又称

①定义之后用"又称"，一般不用"亦称""又名""古称""旧称""曾称"等，但人名的"别称""别号"例外；

②又称之后不加引号，但需解释含义时例外。如允许这样的写法"雅砻江……又称鸦江、若水，藏语叫'尼亚曲'，意为'多鱼之水'"；

③后文应以正称为主语，不要以又称为主语。

4. 并称

①并称的事项原则上应——列出并互相参见。如应写作"（峨眉山）与九华山、五台山、普陀山并称佛教四大名山"；

②并称的事项较多时可不——列出，但应参见有关条目。如应写作"（卢纶）大历十才子之一""（济公）五百罗汉（见罗汉）之一"；

③并称事项既未——设条又未设综合条时，应在其中一个较有影响的具体条中列全并做索引。如"（王勃）与杨炯、卢照邻、

骆宾王并称初唐四杰";

④并称既设有综合条又——设有专条时，综合条从简，专条从详。

5. 简称

特别知名且很稳定的组织机构，在通常情况下可简称，诸如：联合国安理会、联合国教科文组织、国际奥委会、中国科协、中国文联、中共第×届中央委员（政治局委员，政治局常委）、第×届全国人大常委会委员（副委员长）、第×届全国政协主席、中央军委秘书长、国务院副总理。注意届次一般应放在机构名称之后。

6. 名次

以下名次可提及并可列入定义和定性叙述中：全国排名第三位以上如"（天津）中国第三大城市"，世界排名第十位以上如"（墨西哥城）墨西哥第一大城市，世界第八大城市"，局部排名第一位如"（重庆）中国西南第一大城市"；否则，不必提及。

7. 引文

一般不用引文。确实需引用时，应加引号；引号内采用原来标点，后半个引号打在引文最后一个标点之外；引号后空半个字括注引文出处。

8. 注释

注释性的文字应融入释文之中。

9. 括注

①朝代纪年括注：一个年号一般只在第一次出现时括注，但

第一次出现时为连续时间的例外，如（雅克萨之战）"清康熙二十四年（1685）至二十六年……的战争"不妥，应改为"清康熙二十四至二十六年（1685～1687）……的战争。"

②古地名括注：

a）古地名后一般应括注今名；

b）古、今地名的所在国有变化时，还应加注现所在国名。

10. 其他

①一个特有的事件或现象，应写如"×国××"；

②一般不加"据记载""据考证""研究者认为"等多余的定性语；

③时间状语与后句之间一般用逗号分开，如"1978年10月，中国共产党……"；

④古地名、古建筑等的变迁一般精确到年即可，但有特殊意义的月、日例外；

⑤段落和层次标题分列，要按轻重、先后和逻辑关系等次序考虑；

⑥起止号：

a）数字起止用～，如1937～1945，35°～40°；

b）专用年度和地名起止用—（一字线），如1980—1981财政年度，北京—旧金山航线；

c）复合词连接用 -（半字线），如焦耳 – 楞次定律，α - 葡萄糖，Cu-Zn，北东 – 南西走向，俄通社 - 塔斯社。

六、参见和索引

1. 参见

①参见系统包括参见条目和释文内参见；

②条头有检索率高的异称的，得另设参见条目；

③条目释文中的参见只是在有助于理解该条目释文时才设置；

④一般在提到、引用某个设有专条的概念时，设置参见；不仅提到某个概念，而且还有与该概念对应的专条不同侧面、角度的介绍时，应不设参见而做索引；

⑤释文内参见的设置办法：当被参见条目的条头在本条目释文中出现时，被参见条目用小 5 号楷体字标明；否则，括注"（见×××）"，×××（被参见条目）用小 5 号楷体字标明；

2. 索引

未设条目的比较重要的人名、书刊名、国名、地名、机构团体名、学科名、事件名、实物名、概念等名词，得设为内容索引。

——1994 年 4 月为制订《〈中国大百科全书（简明版）〉编辑和成书加工注意事项》所作的说明

从《中国大百科全书（简明版）》的编纂实践谈百科全书编纂中的常见问题

　　《中国大百科全书（简明版）》的编撰工作，从总体设计开始，至今已历时 4 年。1993 年上半年开始回收稿件并安排外审和编辑加工，至今也有 1 年多了。现在看来，稿件在经过专家审阅和编辑部初步加工后，已基本成型。总的说，全书在贯彻既定编辑方针、条目设置、学术水准、编辑质量等方面，是成功的，应予肯定。但也还存在一些缺陷和不足。具体意见，我在通审条目时，已直接写在稿件上了，希望各位学科责任编辑斟酌处理。有几个共性问题：一是条目的增、删与合并问题，二是条目内容的交叉重复问题，三是敏感性条目处置问题，四是文字、体例上精细处理的问题，五是资料核实问题。这几个问题应特别引起注意。

（一）

　　关于条目的增、删与合并问题。现有的条目从学科门类上讲，大体是平衡的，但也有值得进一步斟酌的地方。①地理部分，中国行政地名收列了1000多个县及县级市，占的比重过大，也与本书读者对象不吻合，宜参照大百科一版的比重，只选列其中历史悠久或影响较大的，约掌握在300～400个较为适当。另外，应在省级条目后附设"行政区划一览表"，将所有县市的主要数据收入。②科技部分，人物条现收列了所有的院士，科技人物上书偏多。我意不必把院士作为绝对标准，宜在进一步征求科学院等有关方面意见后，作些调整。我估算了一下，这部分人物删除500个左右是合适的；有些人物，如著名水稻专家袁隆平，虽无头衔，但他在世界上影响较大，应设专条。③政治部分的人物收到历届中央书记处书记和人大常委会副委员长以上，军事部分的人物收到上将以上，标准是有了，但是否太绝对？有些早期的中共中央政治局委员如"卢福坦"，影响很小，资料也欠缺，当删；有些人如"潘汉年"，虽不够政治局委员，但贡献、影响并不小，应考虑补设。按这样的思路，政治、军事类的上书人物还应作进一步调整。④历史类，总的说比大百科一版"简明"了，但过专、过僻的条目还有一些，按我们的读者对象来考虑，类似"怯怜口"这样的条目约有150个左右，宜删除。⑤文艺类和文教类，影星、歌星、体育明显的比例大了一些，且文学部分，现代作家比例大大超过古代作家，有些不是同一档次，应作调整。⑥有些条目应合并成综合条，便于知识集中和检索，像"遗嘱继承"等条应合并成"继承"一条。⑦有些条目可改成参见条或设为索引。像"中国历史""中国行政区划"等，因与"中国"综述条中有关论述重复，应改为参见条。⑧还要补设一些参见条，如设"中国节日""中国经济""华侨"等，参见"中国"综述。⑨还应增加一些有中国特色的条目。要补设中国烹饪、中国服饰、中国酒文化、中国古代建筑、《在延安文艺座谈会上的讲话》等条目，这些都是中国特色的东西，千万不要漏掉。

（二）

　　关于条目内容的交叉重复问题。譬如"汪道涵""辜振甫""汪辜会谈""海峡两岸关系协会""海峡交流基金会"诸条之间，又如"罗马""古代罗马""罗马帝国""意大利"诸条之间，重复的内容不少，有些说法还有出入，当仔细处理。这方面的意见多已直接反映在稿面上，不再赘述。总的来说，对一些相关的条目，要拿到一起，专门统一处理。

（三）

　　关于敏感性条目的处置问题。敏感性条目在政治事件与人物、中外关系、民族、宗教、现行政策等方面较多。这些条目大多已送呈有关部门审阅。但还须作精心处理，不可掉以轻心。如"社会主义市场经济"条，文中提"国家鼓励个体经济"，现行正确的说法应当是"国家保护个体经济",两个说法是有差异的,我已改过。又如"南京国民党政府"条,有同志建议"还其本来面目",设为"南京国民政府",我以为不妥,还是要按有关规定和一版规矩,保留前者为宜。

(四)

关于文字、体例上应精细处理的问题。简明版是重点图书,质量上应高要求,不能有一点差错,尤其不能有硬伤。①多音字的读音一定要准,否则,把"铅山县"排在"Q"部是要误人子弟的。有些字义易混淆的用法,如"作"与"做"、"象"与"像"、"形"与"型"的用法,全书务必统一。哪些字须用繁体,哪些字属于异体,要仔细斟酌,如"适"与"適"、"昆"与"崑"等。同一个档次的人物,如"李白"与"杜甫","莎士比亚""巴尔扎克"与"托尔斯泰",层次标题的设置应相当。②极少数人物条中还有"伟大的""著名的"字眼,已删。有些条中还有"目前""现在""我国"等不合体例的写法,亦已改用适当的词。③凡是介绍中国知识的条目,涉及世界性内容的应不提或少提。如"西藏农奴制",不必写那么多关于整个人类历史上的农奴制的内容。凡是中外综合性条目,内容要均衡,如"电影",应综合介绍全世界的电影发展历史和知识,中国的内容可以侧重一些,但比重不宜过大,毕竟我们介绍的不只是中国电影。

（五）

关于资料核实问题。目前的资料一般截至 1994 年底，下一步得随时更新，直到发稿完毕，重要的资料应截至 1995 年底。陈旧的待补充新资料。资料核实是个细活，要舍得花时间、精力，不要因赶进度而有所放松。引用其他图书、统计报告的数据时，要想到人家的资料也有局限性。除非资料来源特别权威可靠，一般都要多找几个依据。

（六）

下一步我们将进入成书加工阶段，请按照《〈中国大百科全书（简明版）〉编辑和成书加工注意事项》执行，并注意上面提到的问题。希各编辑组严把质量关，同时不放松进度，力争在 1995 年 12 月前全部发稿。

——1995 年 3 月就《中国大百科全书（简明版）》审读工作所作的小结

《中国大百科全书（简明版）》
编纂札记

国家重点出版项目《中国大百科全书（简明版）》自问世以来，备受各界瞩目。1997 年，全书不仅连获国家辞书奖一等奖、国家图书奖荣誉奖等多项国家级大奖，而且，第一版所印一万套已告售罄，成功地塑造了社会效益与经济效益相得益彰的典型。每一分成功都饱蘸着无尽的辛劳，每一分收获都凝结着数不清的汗水。看着沉甸甸的奖牌，看着一套套蔚蓝色封面的大百科全书进入一个个办公室、图书馆、家庭，作为这套大型工具书的责任编辑，我常常生出无限的感慨。

一、编纂《中国大百科全书（简明版）》是现实的需要

《中国大百科全书》是中国第一部大型百科全书，也是世界上规模较大的几部百科全书之一。从 1978 年开始，中国大百科

全书总编辑委员会和中国大百科全书出版社先后组织 2 万余名专家学者，取精用宏，历时 15 载，终于纂成这部皇皇巨制。全书按学科或知识领域分成 74 卷，共收 7.8 万个条目，计 1.26 亿字，并附有近 5 万幅图片，册叶浩瀚，内容宏富，适于高中以上、相当于大学文化程度的读者使用。全书出版后，深受学术界和广大读者推许，1994 年获第一届国家图书奖荣誉奖。按照国际惯例，百科全书通常每间隔若干年出版一个新的版本。《中国大百科全书》的第二版计划在 21 世纪初出版。

在《中国大百科全书》第二版出版之前，为克服第一版因分科分卷编排以至内容过于专深、部头过于庞大、购置查检不便，以及因出版周期较长以致有些资料和观点已显陈旧等缺点，为满足更多读者的现实需求，使百科全书走入普通百姓的家庭，中国大百科全书出版社决定编纂《中国大百科全书（简明版）》（以下简称《简明版》）。1991 年 2 月，中国大百科全书出版社成立了综合百科编辑部，专事《简明版》的编纂工作。1991 年 5 月，新闻出版署将《简明版》列入"八五"期间国家重点图书选题。1991年 10 月 4 日，中国大百科全书总编辑委员会副主任梅益同志、中国大百科全书出版社社长单基夫同志向总编辑委员会主任胡乔木同志汇报了编辑出版《简明版》的情况，乔木同志表示同意，并指出："不能照抄（第一版），在质量上要比一版各卷有所提高才行。"新闻出版署领导宋木文同志等也十分关心和支持《简明版》的编纂工作。当时的新闻出版署副署长刘杲同志指出，《简明版》

是继《中国大百科全书》第一版之后又一国家级重点文化工程，是个很好的选题，将具有很好的社会效益和经济效益，一定要下功夫编好。1991 年开始，中国大百科全书出版社在梅益、单基夫以及王积业（初期）、吴希曾同志的领导下，组织数百位各方面的专家，在认真总结《中国大百科全书》第一版的编纂经验及对国外同类百科全书进行调研的基础上，对第一版进行大幅度的增补、改编和浓缩，除旧布新、披沙拣金、删繁就简，历时 6 载，至 1996 年底，终于纂成了这部 12 卷本的、完全按音序编排的、真正具有综合性的、简明实用的《中国大百科全书（简明版）》。

二、《简明版》的总体特征

《简明版》按国际上百科全书的通例编纂，全部条目按条头（条目标题）的汉语拼音顺序编排。较之按学科分卷、卷内再按汉语拼音顺序编排的专业性很强的《中国大百科全书》，《简明版》是真正意义上的综合性百科全书。《简明版》的全部图片均随条目释文插附，是国内第一部采用文图一体彩色印刷的大型工具书。

《简明版》的知识体系以《中国大百科全书》第一版为基础，删除了第一版各卷中重复、交叉、过专、过僻的条目，归并了散见在各卷中从不同角度阐述的、属于同一主题的条目，增补了第一版欠缺的知识总论、国家、能源、材料、信息、旅游、民俗以及服饰、烹饪、家政等方面的条目，补入了第一版问世后出现的新知识，更新了第一版的资料和数据。它面向 21 世纪，充分反映近现代尤其是 1978 年改革开放以来中国出现的新事物、新情况、新成就。

《简明版》设有 3.1 万个条目，计 2100 万字。随文附有 1.1 万幅插图和表格。重要的资料和数据一般收录到 1996 年。

《简明版》具有汉字笔画和汉语拼音两种检索方式。书后所附的《中外大事年表》，高度概括地介绍了自人类文明发祥以来各时期、各地区、各领域发生的重大事件，提示了人类文明的发展脉络，为读者提供了社会发展的基本线索。

《简明版》在其编辑方针、知识体系与条目框架、条目设置、配图、体例与规范等方面，都有其鲜明的特色。

三、《简明版》的编辑方针

《简明版》的读者对象主要是中等以上文化程度的一般读者，包括一般干部、一般科技文化工作者，当然也包括各类研究人员和大专院校师生，但主要是前者。用这套书的人，主要是借以释疑解惑，提高文化素养，而不是靠它进行学术研究，解决学术问题。因此《简明版》在读者层次上比《中国大百科全书》要低一些，更适于家庭、办公室和中小型图书馆藏存。《简明版》是根据这个读者对象来拟定框架、设置条目、确定内容深浅的，这是解决为什么人服务的问题。既然要为一般读者服务，就要突出"简明"二字，就要把层次降下来，内容不能深，也不能偏、专，但要新，要有新知识。

要做到内容新、容量大、信息多、知识面广，就不可能对《中国大百科全书》各卷进行等量取舍。实际编纂过程中，《简明版》以《中国大百科全书》第一版为基础，约三分之一的条目完全移自第一版或只进行小修小改，这主要是对那些内容稳定、宽严适度、深浅适当的条目；约三分之一的条目是在第一版相关条目基础上重新组合、改编，增删内容；另有约三分之一的条目为重新撰写的稿件。

重新撰写稿件是时代的需要。《简明版》编纂的 1991 ～ 1996年，是中国完成经济调整、全面实施并完成"八五"计划、进入"九五"计划和争取提前完成第二步发展战略目标的时期，是中国由计划经济转入社会主义市场经济、经济体制改革取得重大突破的时期；同时，也是世界格局由两极过渡到多极、国际政治经济力量重新整合、经济因素日益成为建立国际政治经济新秩序的主导因素的时期。《简明版》力图反映这一新的形势，紧紧跟上这伟大的社会实践，以介绍、沟通有关经济建设和改革开放的知识作为主要任务。《中国大百科全书》中与此有关的一些条目，如计划经济、市场经济、所有制、国有企业、股份制、国际贸易等等，都要按新的形势重写；地名地理、科学技术、体育、文化教育、民主法制、环保问题、裁军问题、难民问题、民族问题、人权问题等方面，都要增补一些新的条目；有关世界各国的条目，基本上要重写；有关港、澳、台的条目，要按照"一国两制"的原则增补或改写。总之，《简明版》破除了《中国大百科全书》第一版中存在的一些老框框，反映了新时期的风貌。

《简明版》突出中国的特点和风格，重视对中国历史、优秀传统文化的介绍，更重视对现代科学技术和经济建设成就等各方面情况的介绍；同时，它面向现代化、面向世界、面向未来，充分吸收世界文化的优秀成果，充分反映当代世界文化、科学技术的新成就。《简明版》介绍文化科学知识持客观态度，实事求是，对学术上有争议的问题，反映各家学说；对世界各个国家和地区，不论其大小和政治制度如何，都作适当介绍；对中外古今人物，凡在历史上有影响、学术上有成就的，不论其政治地位和政治观点如何，都作适当介绍。

四、《简明版》的知识体系与条目框架

综合性百科全书是介绍人类一切门类知识的工具书，它的条目框架是以一定的知识分类为基础的。知识分类的方法多种多样。《中国大百科全书》第一版将知识分为哲学、社会科学、文学艺术、文化教育、自然科学、工程技术等门类的66个学科和知识领域。《简明版》以此为基础，并参照各种不同的知识分类，将古今中外的知识归纳为综合、历史、地理、哲学·宗教、人类·社会、政治·法

律、军事、经济、文学·艺术、文化教育、自然科学、工程技术等12个方面、75个学科和知识领域，并以此构建其条目框架。

《简明版》的条目框架中，古、今（近现代）条目比例约为 4 ∶ 6，体现了详今略古、为现实服务、面向未来的原则；中、外、通用条目比例约为 3 ∶ 3 ∶ 4，体现了以我为主的特色；社科、科技、综合条目的比例约为 5.5 ∶ 3.5 ∶ 1，照顾了一般读者的检索需要。条目短小精练是《简明版》的一大特色，平均每条约 620 字，较《中国大百科全书》的平均每条 1570 字大为减少。配图量大是《简明版》的另一特色，平均每千字含图 0.51 幅，正文每页含图 1.67 幅，分别较《中国大百科全书》的 0.4 幅和 1 幅大为提高。

五、《简明版》的条目设置及与《中国大百科全书》之不同

如前所述，《简明版》中，三分之二均系改编条目和重新撰写条目。改编和新撰条目的设置，主要有以下 12 种情况。

1. 归并分散在《中国大百科全书》第一版各卷中名称相同、内容各有侧重的条目

如"郭沫若"，一版《语言文字》《考古》《中国历史》《中国文学》《戏剧》《文物·博物馆》《哲学》7 卷中设有专条；"达·芬奇"，一版《物理学》《力学》《水利》《航空航天》《哲学》《外国文学》《美术》7 卷中设有专条。这类条目在《简明版》中归并为一条后，内容全面、充实了，同时节省了许多文字。

2. 取舍分散在一版各卷中名称相同、内容相近的条目

例如"阴阳"，一版设有两个同名条目。《哲学》中的"阴阳"指一切自然矛盾现象，《中国传统医学》中的"阴阳"是在哲学范畴的基础上赋予了特定的医学含义，二者内容相承、相近。《简明版》因此设为一条。再如"肾"，一版设有三个同名条目。《生物学》和《现代医学》中的"肾"指脊椎动物（包括人在内的哺乳类、鱼类、爬行类、两栖类、鸟类）体内主要的排泄器官，高等动物的肾还有内分泌功能；《中国传统医学》中的"肾"仅指位于人体腰部、左右各一的脏器，与心、肝、脾、肺合称为五脏。中医认为肾为精归藏之所，是人体生命之源，系"先天之本"。中医上的肾具有多方面的生理功能：藏精，主生长、发育与生殖，主水，主纳气，主骨生髓，其与生物学和现代医学上所说的肾虽有相近之处，但有较大不同。《简明版》因此分设为"肾（生物、西医）"和"肾（中医）"两个条目。

3. 分设一版各卷中名称相同、内容不同的条目

如"京都"，一版《中国历史》卷中泛指中国历史上统一国家或地方政权的首都，《世界地理》卷中特指 794～1869 年日本的首都平安京、今天的京都市。《简明版》仍分别设为两条。又如 F. 培根，在《外国文学》《哲学》《美术》分别设有 3 个同名条目，前两卷所指均系生活于 1561～1626 年的英国近代唯物主义哲学家兼作家，著有《新工具论》，提出过"知识就是力量"；后一卷中指生于 1909 年的现代英国画家，是哲学家培根的后裔。《简明版》

因此分设为两个同名条目。

4. 合并分散在一版各卷中名称相近、内容也相近的条目

如"有限元法"，一版《数学》《力学》《土木工程》《机械工程》《航空航天》5 卷中均设有专条，有的卷叫"有限元方法"，有的卷叫"有限元素法"。这类条目在《简明版》中合并为一条后，定义更准确、内容更全面了，也节省了文字。

5. 重新安排分散在一版各卷中名称相关联、内容也相关联的条目

如有关古代罗马的知识，一版《外国历史》《教育》《政治学》《建筑·园林·城市规划》《图书馆学·情报学·档案学》《经济学》《水利》《外国文学》《戏剧》《世界地理》《考古学》《文物·博物馆》《法学》《宗教》《军事》《美术》等 16 卷中，分别设有 39 个含"罗马"字样的相关条目，即："古代罗马""古代罗马大地产制""古代罗马地方自治制度""古代罗马军事制度""古代罗马文化""古代罗马教育""古代罗马行省制度""古代罗马政治思想""古代罗马政治制度""古罗马城市广场""古罗马花园""古罗马皇宫""古罗马建筑""古罗马浴场""古罗马档案管理""古罗马的经济思想""古罗马奴隶制经济""古罗马供水""古罗马神话""古罗马文学""古罗马戏剧""罗马"（含古代和现代）"罗马地下墓窟""罗马帝国""罗马法""罗马法学""罗马共和时代（见古代罗马）""罗马古城遗址""罗马角斗场""《罗马军制》（见韦格蒂乌斯，F.）""罗马凯旋门""罗马美术""罗马内战""罗马圣彼得大堂（见教堂）"

"罗马圣母大堂""罗马万神庙""罗马王政时代（见古代罗马）""罗马行省""罗马宗教"。如果再加上不含"罗马"字样的人物、事件等条目，则远远不止这些。《简明版》在分析、归纳的基础上，对这些条目所述及的内容作了重新安排，共设置带"罗马"字样的条目 6 条，即古代罗马、罗马、罗马帝国、罗马法、罗马古城、罗马角斗场。这样的安排，提高了条目的综合性，校正了译名、数据上的出入，节省了大量文字，极大地方便了读者。

6. 统一名称不同、内容相同的条目

如中国战国时哲学家庄子及后学的著作，一版《中国历史》《中国文学》《哲学》卷设条为"《庄子》"，《宗教》卷设条为"《南华真经》"。《简明版》统一设置条目为《庄子》。又如《机械工程》卷设置的"载荷"与《土木工程》中的"荷载"实为同一概念，《简明版》统一设条为"载荷"。

7. 统一名称不同、内容相近的条目

如"涤纶"，一版《化学》卷设正条为"聚对苯二甲酸乙二酯"，"涤纶"为参见条；《纺织》卷设正条为"聚酯纤维"，"涤纶"为参见条。考虑到聚对苯二甲酸乙二酯最主要的用途为制造聚对苯二甲酸乙二酯纤维（其商品名为涤纶），而工业上大量生产的聚酯纤维只有聚对苯二甲酸乙二酯纤维一种（对苯二甲酸与 1，4-环己烷二甲醇缩聚而成的聚酯纤维仅少量生产），《简明版》因此设"涤纶"为正条，另设参见条"聚对苯二甲酸乙二酯（见涤纶）"。

8. 删除一版各卷中过专、过僻的条目

一版是按学科或知识门类设卷的，各卷条目在其综合性和深浅程度上不尽一致。《简明版》对此作了平衡处理，删除了大量过专、过僻的条目。例如有关"天牛"的条目，一版《生物学》《农业》两卷设有"天牛科""家茸天牛""粗鞘双条杉天牛""橘光绿天牛""星天牛""青杨楔天牛""柑橘天牛""苹果天牛" 8 条。《简明版》只设"天牛" 1 条，其余删去。再如一版《机械工程》卷有关各种机床、刀具、机械加工方法的条目有 169 条，《简明版》只保留了其中有代表性的 35 条，其余并入相应的上层或相关条目。

9. 平衡、调整一版各卷中的人物、书刊、组织机构条目

《简明版》对这类条目制订了统一的上书标准，并进行了反复平衡、增删、调整。如对人物条目，即制订了 1 万多字的设条方案，将人物归纳为 12 大类、85 个中类、100 多个小类、数百个小项。针对以上类项，分别给出设条标准，或删、或并、或增补，作了较大调整，保证了设条人物的均衡、合理。书刊、组织机构条目的设置，也都制订有详尽的标准。一版实践证明，书刊条目的检索率不是太高，故《简明版》对书刊的设条原则是适度从严，只收经典著作。《简明版》对组织、团体、机构、企业的设条原则是适度从宽，因为这部分条目的检索率较高。

10. 增设、充实通贯条目

如一版《中国历史》卷原设的"宰""丞相"条，指的是特定朝代的特定官职。虽然，中国古代各朝并非都有"宰相"的

正式名称，但"宰相"的概念——封建社会一人之下万人之上的"百官之长"——是被广大百姓长期沿用的。故此，《简明版》专门设置了通贯条目"宰相"，另设"相国""丞相"等参见条目。历史学科中类似的情况还有年号、庙号、谥号、尊号、世袭、皇帝、皇后、太子、公主、嫔妃、驸马、宦官、国王、亲王、三公、九卿、三省、六部、翰林院、总督、巡抚等等，《简明版》均增设有通贯条。

再如国家类条目，一版《世界地理》卷所设"美国"条，只侧重对其地理特征加以阐述；此外，《外国历史》等 30 卷中共设有"美国历史"等 128 个以"美国"开头的相关条目。《简明版》所设美国条，用 1.4 万字的篇幅介绍了它的历史、地理、宗教、政治、经济、军事、文化教育、对外关系等；而以"美国"开头的条目则减至 34 个。《简明版》中所有国家条目的内容均是通贯性的。

11. 增设、充实重要的敏感性条目

《中国大百科全书》第一版编写期间，由于刚刚结束十年内乱，国家正处于拨乱反正、百废待兴时期，文化领域尚未完全摆脱"左"的思想束缚，因而对一些敏感的但又为广大读者所关注的人物、事件未作收录，或收而不全。《简明版》对此作了弥补，增收或充实了王士珍、司徒美堂、黄金荣、陈公博、潘汉年、江青、林彪、"左"倾、右派、实业救国、五七干校、上山下乡、红卫兵、九一三事件、四五事件、当铺、股份制、股东、市场经济等一大批条目。

12. 增设新概念、新事物、新人物条目

《简明版》顺应时代需要，增设了一大批新条目。例如：四项基本原则、社会主义初级阶段、"一国两制"、两极体系、冷战、周边战略、难民、联合国维持和平部队、公务员制度、亚洲四小龙、西方七国首脑会议、经济特区、经济技术开发区、沿海开放城市、联产承包责任制、乡镇企业、私营企业、个体经济、补偿贸易、国产化、经济起飞、国库券、个人所得税、黑市、灰市、三角债、社会集团购买力、邓小平视察南方谈话、江泽民、克林顿、叶利钦、希拉克、拉那烈、洪森、马哈蒂尔、拉莫斯、桥本龙太郎、包玉刚、李嘉诚、霍英东、苹果公司、首钢总公司、上海大众汽车有限公司、四通集团、联想集团、老龄问题、同性恋、失业保险、救灾、扶贫、温饱工程、希望工程、高等教育自学考试制度、小康、盲流、扫黄、走穴、家庭服务公司、失业率、反不正当竞争法、《世界版权公约》、海湾战争、郎平、袁伟民、许海峰、马俊仁、王军霞、李宁、伏明霞、布勃卡、乔丹、约翰逊、马拉多纳、哥伦比亚号航天飞机、长征系列火箭、风云 1 号气象卫星、和平号太空站计划、国际原子能机构、秦山核电站、联合国环境与发展会议、人与生物圈计划、软科学、"863"计划、英语标准化考试、美容、收藏、人妖、汉学、敦煌，等等。

六、《简明版》的配图

《简明版》的图片是随文字彩色印刷的，这对于图片数量和质量都提出了较高要求。《简明版》保留了一部分《中国大百科全书》第一版的优秀图片，更多的图片是重新拍摄和收集的；因为行政地理方面变动较大，所以上书的行政地图全是重新绘制的。全书1.1万幅插图主要按以下类项配置：（1）重要人物配图；（2）重大事件配图；（3）自然风貌、名胜古迹、建筑园林配图；（4）化石、矿物、植物、动物配图；（5）科技成就配图；（6）作品、艺术品、印刷品配图；（7）器具、物品配图；（8）原理、结构配图；（9）人种、风俗、服饰配图；（10）文体、娱乐配图；（11）机构、团体配图；（12）其他配图；（13）地图，包括历史地图、自然地图、资源分布图、行政地图、城市略图等。

《简明版》对条目配图进行了严格的限定，制订了统一的配图标准。如对人物条目，规定其配图对象必须是第一流人物。

七、《简明版》的体例与规范

1. 条头选择

（1）同一概念有几个名称时，选择常用的、易于读者检索的名称作为实条条头，其他名称视具体情况或设为参见条或做成索引。例如：

设曹操，魏武帝（见曹操），不设魏武帝曹操；

设茅盾，沈雁冰（见茅盾），不将沈雁冰设为实条；

设英国，大不列颠及北爱尔兰联合王国（见英国），不将全称设为实条；

设美国，将美利坚合众国做成索引。

（2）不同概念具有同一名称时，分别设置条头。例如：

设宋、宋、宋三条，分别介绍中国战国时宋国、南朝宋朝、赵宋王朝，并按出现时间先后排列。

（3）由一个概念派生出几个概念且具有同一名称时，设置一个条头。例如：

设《白毛女》一条，按时间顺序分别介绍其由歌剧发展为电影、京剧和芭蕾的情况，分段叙述，但不像辞典那样用圈码分列成4个义项。

2. 条头外文

条头外文为英文、法文、拉丁文等拉丁字母文字，或相应的拉丁字母转译形式（如对俄文）。生物物种名一般加注拉丁文学名。条头有两个以上对应外文的，中间用分号（；）隔开。纯中国内容的条目，不附条头外文。

人物、朝代条目的条头外文后，加注生卒年或起止时间。

3. 条目释文体例

《简明版》将条目按结构特点分为14种类型，并订有相应的编写提纲，保证了同类型条目在叙述顺序、层次安排、字数要求上的一致性。这 14 种类型是：（1）学科或知识门类条目；（2）基本理论和学说条目；（3）基本概念条目；（4）事实、现象条目；（5）学派、流派条目；（6）事件条目；（7）人物条目；（8）团体、组织机构条目；（9）著作和出版物条目；（10）现代国家条目；（11）历史朝代、古代国家条目；（12）地名条目；（13）实物条目；（14）其他条目。

譬如人物条目，对其身份，籍贯，生、卒时间和地点，学历、经历和任职，成就和影响，著作和作品等部分的叙述方法，都有严格、详尽的规定。

4. 条目释文规范

《简明版》的条目释文中，凡涉及名词、术语、单位、符号、数字、地图图例等，均严格执行有关国家标准和规范。

八、关于百科全书的连续修订制度

《简明版》全部稿件的截稿时间是 1994 年底，重要的资料和数据一般收录到 1996 年。因为时间关系，有些近年来较常出现的概念未及收录。为了弥补类似的缺憾，《简明版》拟按国际惯例实行连续修订制度，即每隔 1 ～ 2 年修订一次，及时更新资料、调整条目，以保证它紧紧跟上时代的步伐。

《简明版》是为了具有中等以上文化程度的一般读者而编纂的。它的知识容量基本上可满足一般干部、科技文化工作者、各类研究人员、大中院校师生和图书馆的需要。它将进入许许多多普通的家庭，成为一座没有围墙的大学，伴随人们进入崭新的 21 世纪。在《简明版》的简化字版业已面世的同时，它的繁体字版也已投入制作，预计将于 1998 年 1 月在香港推出。

　　——1997 年 12 月就《中国大百科全书（简明版）》编纂工作所作的总结。后曾与吴希曾同志共同作过题为《〈中国大百科全书（简明版）〉的编纂特色》的总结，载于《辞书研究》1998 年第 5 期。

《中国大百科全书（简明版）》
人物设条参考

序号	学科大类	已列选人物条		可增补人物条	增补范围
		中国人	外国人		
1	历史	990	790	~ 50	1）④⑤⑥、9）、11）、13）、14）
2	地理	0	0	0	
3	哲学·宗教	342	366	~ 80	3）、7）
4	人类·社会	55	44	~ 30	4）、6）
5	政治·法律	299	140	~ 330	1）、3）、6）、9）、11）①~⑥、12）、13）①~⑥
6	军事	517	80	~ 100	3）、5）、6）、7）
7	经济	88	165	~ 100	2）
8	文学·艺术	1799	1533	~ 100	5）、7）、8）、9）、10）、11）、12）、15）
9	文化·教育	246	194	~ 150	3）、4）、5）、7）、8）、11）

（续表）

序号	学科大类	已列选人物条		可增补人物条	增补范围
		中国人	外国人		
10	自然科学	583	868	～300	2）
11	工程技术	170	146	～100	2）
12	杂类	1	20	～100	1）、2）、4）、5）
总计		5035	4453	～1440	

一、历史类（～1927 年）

1° 现有条目 1780 条（中 990，外 790）

2° 考虑范围：

1）重要的帝王将相、后妃太监

①开国帝王（如汉高祖刘邦）

②盛世帝王（如汉文帝、汉景帝）

③武功显赫帝王（如汉武帝刘彻）

＊④昏聩腐败帝王（如东汉末汉献帝刘协、商纣王、蜀后主刘禅）

＊⑤暴君（如夏桀）

＊⑥著名的王室后裔（如汉淮南王刘安、中山靖王刘胜）

⑦著名将相（如汉韩信、萧何）

⑧著名后妃（如汉吕后、王昭君）

⑨著名太监（如汉石显，明魏忠贤）

⑩重要权臣（如汉董卓）

2）重要的思想家（如汉董仲舒、王充）

3）重要的政治家、起义军首领、篡位之君（如汉晁错、项羽、王莽）

4）重要的经济家（如汉桑弘羊）

5）重要的军事家（如汉张良、霍去病）

6）重要的史学家（如汉司马迁）

7）重要的科技名人（如汉张衡、蔡伦、张仲景）

8）重要的文化名人（如汉司马相如）

＊9）名门望族（如晋王导、谢安）

10）民族英雄（如宋杨业、岳飞）

＊11）隐士、方士和宗教人物（如汉梁鸿、孟光、李少君、张陵、张角）

12）传说中的历史人物（如盘古、黄帝）

＊13）外裔名人（如清汤若望）

＊14）大军阀（如吴佩孚）

3°调整幅度：

现上书人物基本合适。可按1）④⑤⑥、9）、11）、13）、14）适当增补～50人。

二、地理类（地名地理）

1°现有条目0条

2°调整幅度：

不必增补

三、哲学·宗教类（含社科总论）

1° 现有条目708条（中342，外366）

其中哲学232条（中112，外120）

宗教476条（中230，外246）

2° 考虑范围：

1）神化了的人（如汉钟离）

2）宗教创始人和祖师（如张天师）

＊3）著名教首［如弘一，达赖（十四世）］

4）著名宗教理论家、实践家、活动家（如寇谦之、葛洪、赵朴初）

5）圣经人物和重要神学家（如宙斯）

6）著名思想家、哲学家（如王阳明、王船山）

＊7）哲学社会科学学部委员（1955年第一批62人，现已列选部分，应全部列选）

3°调整幅度：

3）、7）可适当增补，如著名主持，著名达赖、班禅（现只有十四世达赖、十世班禅），著名教皇、红衣大主教，著名民间宗教首领，学部委员。可增补～80人。

四、人类·社会类

1° 现有条目 99 条（中 55，外 44）

其中民族 19 条（中 15，外 4）

考古 45 条（中 17，外 28）

文物 11 条（中 11，外 0）

博物 16 条（中 12，外 4）

社会学 8 条（中 0，外 8）

2° 考虑范围：

1）金石学家（如赵明诚）

2）考古学家（如贾兰坡）

3）文物学家（如周叔弢、郑振铎）

＊4）文物收藏家（如端方、董其昌）

5）社会学家（如费孝通）

＊6）慈善家

7）民族学家（如牙含章，摩尔根，L.H.）

3° 调整幅度：

4）中的外国文物收藏家、6）中的外国及中国慈善家可适当增补～30 条。

五、政治·法律类

1° 现有条目 439 条（中 299，外 140）

其中政治学（含科学社会主义、外交）117 条（中 4，外 113）

法学 53 条（中 26，外 27）

综合政治人物（已在中国历史类列选的）269 条

2° 考虑范围：

＊1）政治家（如李登辉、阿拉法特）

2）现代君主（如平成天皇、伊丽莎白二世）

＊3）政党、社团领导人（如乔森潘、金正日）

4）政治学家、行政学家（如托马斯·阿奎那，法约尔）

5）科学社会主义者（如李卜克内西、巴枯宁、蔡特金）

＊6）外交家（如冀朝铸）、社会活动家

7）宪法、行政法专家

8）法学家（如钱端升、张友渔）

＊9）律师（如施洋、史良）

10）执法严明者（如包拯、海瑞）

以下原已在"中国历史"类考虑：

＊11）国民党政治人物及亲国民党政治人物：

①党魁、副"总统"以上、"行政院长"、台湾省主席（～25 人）

②国民党元老、中常委以上（与前面几项不重复的～50 人）

③军事人物入"军事"类

④其他"闻人"、大资本家、大官僚、文化名人（如黄金荣、荣德生、陈布雷、林语堂，～20人）

⑤国民党科学院院士及科技名人（如吴大猷，～40人）

⑥实业家（～10人）

11）①～⑥共约145人，"中国历史"类现已列选58人，尚可增补约87人

*12）港、澳、海外著名华人及实业家、侨领（如包玉刚、王安、王赣俊，～40人）

*13）中共政治人物及亲中共政治人物：

①党史人物（一大代表，中央局委员，候补中央局执委以上，政治局候补委员以上，总书记，委员长，～150人）

②军事人物入"军事"类

③政协、民主党派人物（政协副主席以上，民主党派和工商联主席、名誉主席、创始人，与前面几项不重复的～96人）

④国家、国务院、全国人大人物（国家副主席以上，政务院及国务院副总理以上，人大常委会副委员长以上，外交部长，高法院长，高检检察长，中央人民政府副主席以上、秘书长，东北人民政府主席，华东、中南、西北、西南军政委员会主席，华北、东北、西北、华东、中南、西南行政委员会主席，新华社社长，与前面几项不重复的～40人）

⑤人民团体、社会团体人物（第一负责人——科协、文联、

社科联、台联、侨联、对外友协、科学院、社科院、总工会、体总会、奥林匹克、红十字会、共青团、妇联、青联、学联、少先队、佛教、道教、伊斯兰教、天主教、基督教，与前面几项不重复的～ 32 人）

⑥全国劳模、先进工作者（军队英模已在"军事"类考虑）(～ 40 人）

a. 劳模王进喜等～ 10 人

b. 党的好干部焦裕禄等～ 10 人

c. 先进工作者蒋筑英等～ 15 人

＊ 13）①～⑥共 372 人，"中国历史"类现已上中共及亲中共人物 201 人，尚可增补约 171 人

3°调整幅度：可按 1)、3)、6)、9)、11）①～⑥、12)、13）①～⑥适当增补～ 330 人。

六、军事类

1°现有条目 597 条（中 517 条，外 80 条）

2°考虑范围：

1）中央军事小组负责人，军委副主席及秘书长以上，国防部长，"33 个军事家"（与党和国家领导人不重复的～ 19 人）

2）军委确定的现代我军人物——①建国后军委副秘书长以上，②《军事》卷上书人物 199 人（－ 143 ＝ 56 人），③部分中将——

a. 建国后"文革"前曾任相当大军区副职以上职务，b. 并在红军时期师以上，c. 并在抗战时期 1942 年前正旅或 1943 年后二级军区正职以上，d. 解放战争时期纵队或军正职以上，④现大军区正职

1）+2）①～④共已列选 289 人

＊3）国民党军与政治人物不重复的特级（～元帅）、一级（～大将）以上～ 30 人，现已列选国民党军事人物 10 人，尚可增补约 20 人

4）军队英模已列选 106 人

＊5）中国古代军事家已列选 94 人，与"中国历史"类等不重复的约 20 人，尚可增补

＊6）外国军事人物已列选约 87 人，与"中国历史"类等不重复的约 20 人，尚可增补

＊7）军事科学家、理论家（如邓稼先），中、外约 30 人，已列选其中大部分，尚可增补

3° 调整幅度：

"军事"类现已列选人物近 600 条，但考虑到古代军事人物与"历史"类大量重复，现代军事人物与"政治"类较多重复，故初步估计不重复的军事人物只有约一半即 300 条左右。

3）国民党军事人物、5）中国古代军事家、6）外国军事人物、7）军事科学家理论家等项可适当增补～ 100 人。

七、经济类

1° 现有条目 253 条（中 88，外 165）

2° 考虑范围：

1）经济学家（如中国的桑弘羊、范蠡、千家驹等已上 63 条，外国的李嘉图、蒲鲁东、伯恩斯坦等已上 141 条）

＊2）实业家、企业家（如中国的范旭东、王安等已上 25 条，外国的亚科卡等已上 24 条）

3° 调整幅度：

知名企业家的检索率较高，2）可适当增补企业家～100 人。

八、文学·艺术类

1° 现有条目 3332 条（中 1799，外 1533）

其中文学 1236 条（中 875，外 361）

美术 733 条（中 393，外 340）

音乐 302 条（中 104，外 198）

舞蹈 53 条（中 13，外 40）

戏曲 176 条（中 176，外 0）

曲艺 52 条（中 52，外 0）

戏剧 430 条（中 82，外 348）

电影 350 条（中 104，外 246）

电视艺术 0 条（中 0，外 0）

2°考虑范围：

1）文学家、文学理论家、翻译家，不含并称（如"建安七子"。如屈原、玛拉沁夫、周扬、傅雷）

2）文学传说人物（如湘夫人）

3）文学作品中的人物（如孙悟空、贾宝玉）

4）美术家（国画、油画、漫画、书法、篆刻、雕塑）、美术理论家（如唐寅、凡·高、丰子恺、王羲之、陈之佛、刘开渠、王朝闻）

＊5）美术收藏家、鉴赏家、摄影家

6）音乐家（作曲、歌唱、演奏、指挥）、音乐理论家（如施光南、巴赫、李谷一、多明戈、马思聪、梅纽因、李德伦、卡拉扬）

＊7）通俗音乐家（如杰克逊、克莱德曼）（现已列选 17 人）

＊8）舞蹈家（如杨丽萍、邓肯。但如古代公孙大娘现未列选）

＊9）体育舞蹈明星（现未列选）

＊10）戏曲作家、表演家（关汉卿、梅兰芳、严凤英。但如关肃霜、方荣翔等现未列选）

＊11）曲艺表演家（如侯宝林、骆玉笙。但如姜昆等现未列选）

＊12）木偶、皮影、杂技表演家（如大卫·科波菲尔、夏菊花等，现均未列选）

13）戏剧作家、表演家、导演、理论家（如易卜生、于是之、欧阳予倩）

14）电影剧作家、导演、表演家、明星（如夏衍、陈凯歌、黑泽明、赵丹、赫本、 刘晓庆、巩俐、秦汉、成龙）

＊15）电视艺术家（现未列选）

3°调整幅度：

5）、7）、8）、9）、10）、11）、12）、15）可适当增补～100人。

九、文化·教育类

1°现有条目440条（中246，外194）

其中语言文字109条（中84，外25）

图书38条（中23，外15）

情报0条（中0，外0）

档案3条（中3，外0）

教育54条（中19，外35）

体育96条（中18，外78）

新闻81条（中55，外26）

出版59条（中44，外15）

2°考虑范围：

1）语言学家（语言、文字、古文字、单韵、训诂、经学、考据学、外国汉学家）（如赵元任、王力、梅耶、许慎、唐兰、黄侃、孙炎、戴震、瑞典的高本权）

2）图书专家、藏书家（如毛晋、武衡、G.W. 莱布尼兹、

赵万里）

　　＊3）书籍编纂家（如韦伯斯特、纪晓岚，现未列选）

　　＊4）情报、文献、目录、版本专家（现未列选）

　　＊5）档案专家（如曾三）

　　6）教育家（如颜之推、陶行知、别林斯基）

　　＊7）体育明星、领导人（如林莉、聂卫平、博格、萨马兰奇）

　　＊8）中国武术家（如霍元甲、李连杰，现未列选）

　　9）新闻界专家（如张季鸾、梅益、爱泼斯坦、法拉奇）

　　10）出版家（如赵家璧、姜椿芳、谷登堡、布洛克豪斯）

　　＊11）广播、电视著名的节目主持人（现未列选）

　　3°调整幅度：

　　3）、4）、5）、7）、8）、11）可增补～150人。

十、自然科学类（含科学总论）

　　1°现有条目1451条（中583，外868）

　　其中数学180条（中28，外152）

　　物理134条（中43，外91）

　　另：力学10条（中5，外5）

　　电子学69条（中16，外53）

　　化学187条（中53，外134）

　　天文学56条（中10，外46）

地球科学：

地理学 117 条（中 53，外 64）

地质学 112 条（中 54，外 58）

气海水 77 条（中 32，外 45）

固空测 34 条（中 12，外 22）

生命科学：

生物学 119 条（中 50，外 69）

农学 150 条（中 100，外 50）

心理学 54 条（中 19，外 35）

传统医学 60 条（中 60，外 0）

现代医学 91 条（中 48，外 43）

环境科学 1 条（中 0，外 1）

2° 考虑范围：

1）著名科学家

＊2）中科院学部委员（1955、1957、1980、1991 四批，不含"技术科学部"共有 513 人，现已列选约 200 人）

3° 调整幅度：

2）中可增补～300 人。

十一、工程技术类

1° 现有条目 316 条（中 170，外 146）

其中矿冶 41 条（中 18，外 23）

机械 26 条（中 10，外 16）

电工 20 条（中 14，外 6）

计算机 0 条（中 0，外 0）

自控 22 条（中 11，外 11）

化工 33 条（中 21，外 12）

轻工、纺织 39 条（中 26，外 13）

土木 26 条（中 13，外 13）

建筑 44 条（中 20，外 24）

水利 26 条（中 22，外 4）

交通 0 条（中 0，外 0）

航空 39 条（中 15，外 24）

材料 0 条（中 0，外 0）

能源 0 条（中 0，外 0）

2° 考虑范围：

1）著名技术、工程专家

＊ 2）中科院学部委员（1955、1957、1980、1991 四批，"技术科学部"共有 170 人，现已列选约 70 人）

3° 调整幅度：

2）中可增补～ 100 人。

十二、杂类

1° 现有条目 21 条（中 1，外 20）

其中烹饪 0 条

旅游 0 条

服饰 21 条（中 1，外 20）

公关 0 条

家政 0 条

2° 考虑范围：

﹡1）烹饪大师、美食家、餐饮旅店经营家（如麦当劳、希尔顿）

﹡2）旅游家、旅游经营家（如潘德明、迪斯尼）

3）服饰设计师、名模（如皮尔·卡丹、彭莉）

﹡4）公关、咨讯专家（如民意测验专家盖洛普）

﹡5）其他人物

3° 调整幅度：

1）、2）、4）、5）可增补～100 人。

——1994 年为《中国大百科全书（简明版）》条目综合平衡工作制订

《中国大百科全书（简明版）》
组织机构设条参考

序号	类别	原列选条目		增删条目		现列选目		选条范围
		中国	外国	中国	外国	中国	外国	
1	历史	~100	0	±0	±0	~100	0	现含国家、政党机构。其中约~40应属"政治"类
2	地理	0	0	±0	±0	0	0	
3	哲学·宗教	3	23	－1 +6	－4 ±0	8	19	
4	人类·社会	30	20	－4 +6	±0	32	20	
5	政治·法律	18	90	－10 +13	－0 +15	21	105	
6	军事	82	4	－20 +7	－2 +6	69	8	

（续表）

序号	类别	原列选条目		增删条目		现列选目		选条范围
		中国	外国	中国	外国	中国	外国	
7	经济	40	304	－ 3 ＋ 29	－ 29 ＋ 0	66	275	含各类企业（暂不含饭店）；不含油田、电站
8	文学·艺术	135	87	－ 53 ＋ 1	－ 2 ＋ 0	83	85	
9	文化·教育	207	105	－ 38 ＋ 48	－ 2 ＋ 2	217	105	
10	自然科学	65	57	－ 46 ＋ 3	－ 4 ＋ 21	22	74	
11	工程技术	113	110	－ 86 ＋ 0	－ 68 ＋ 1	27	43	含油田、矿区、电站、水库；不含企业
12	杂类	12	20	－ 7 ＋ 16	± 0	21	20	暂含饭店、旅行社、服装企业
总计		805	820	－ 268 ＋ 129	－ 111 ＋ 45	666	754	

一、历史类（中国~1949，外国~1945）

1° 现有条目约 100 条（中 100，外 0）

2° 考虑范围：

1）中国 1949 年前停止活动的政党、政府机构、学术团体、社会团体、宗教团体、企业、油田矿区、电站水库

2）外国 1945 年前停止活动的政党、政府机构、学术团体、

社会团体、宗教团体、企业、油田矿区、电站水库

    3° 调整幅度：

适当增删

二、地理类

    1° 现有条目 0 条

    2° 调整幅度：

不必调整

三、哲学·宗教类

    1° 现有条目 27 条（中 8，外 19）

    2° 考虑范围：

    1）智囊团、思想库

    2）宗教团体（如中国佛教协会，伊斯兰大会）

    3）社会科学综合研究机构（如中国社会科学院）

    4）社会科学综合学术团体（如中国社会科学联合会）

    3° 调整幅度：

适当增补约 20 条。

四、人类·社会类

1° 现有条目 52 条（中 32，外 20）

2° 考虑范围：

1）各类博物馆（如中国历史博物馆、地质博物馆）

2）各类展览馆（如中国国际展览中心）

＊3）各类福利、慈善团体（如国际红十字会、宋庆龄基金会）

＊4）民意测验机构（如盖洛普民意测验中心）

＊5）各类社会团体（如中华全国总工会、美国劳联－产联）

3° 调整幅度：

3）、4）、5）可适当增补 20 条。

五、政治·法律类

1° 现有条目 126 条（中 21，外 105）

2° 考虑范围：

1）中国大陆、香港、澳门、台湾 1949 年后仍在活动的党派（如中国共产党、中国国民党）

2）中国 1949 年后出现的国家、政府、立法、司法机构

3）中国香港、澳门、台湾地方政府

＊4）外国 1945 年后仍在活动的党派、准政治团体、政府机构（如美国民主党、绿色和平组织、英国上议院、日本内阁）

＊5）国际政治、法律机构（如联合国安理会、欧洲议会、国际法院）

3°　调整幅度：

4）、5）可适当增补约 20 条。

六、军事类

1°　现有条目 77 条（中 69，外 8）

2°　考虑范围：

＊1）世界主要国家军队（如中国人民解放军、苏联红军、日本自卫队）

2）世界主要国家警察及内务部队（如美国联邦调查局、中国人民武装警察部队）

＊3）世界主要国家情报机构（如美国中央情报局、苏联克格勃）

4）世界主要国家军事领导机构（如中央军委、美国参谋长联席会议）

5）国际军事组织（如联合国维持和平部队）

3°　调整幅度：

1）、3）可适当增补约 20 条。

七、经济类

1° 现有条目 341 条（中 66，外 275）

2° 考虑范围：

1）各类生产经营企业

①冶金企业（如鞍山钢铁公司）

②机械企业（汽车、造船、机车、机床、重型机械、飞机、仪器仪表、工具、电机等企业）

③电子企业（如苹果计算机公司）

④化工企业（如燕山石化公司）

＊⑤轻纺企业（自行车 、缝纫机、摩托车、钟表、工艺美术、家用电器、造纸、烟、酒、糖、药、化纤、纺织、服装、食品等企业）

＊⑥土木、建筑企业（如日本熊谷组）

＊⑦军工企业（导弹、火箭、航天飞机、枪炮、军舰等企业）

2）各类服务企业

＊①著名商场（如永安公司、内联）

＊②著名饮食业（如麦当劳快餐店）

③著名旅行社（如中国国际旅行社）

④著名饭店（如希尔顿、北京饭店）

＊⑤各类运输公司（汽车运输、列车运输、船舶运输、飞机运输、出租车运输、旅游运输等公司）

3）各类金融企业

①著名财团、银行（如美国花旗银行）

＊②著名保险公司（如中国人民保险公司）

3°调整幅度：

1）⑤⑥⑦、2）①②⑤、3）②可适当增补约 50 条。

八、文学·艺术类

1°现有条目 168 条（中 83，外 85）

2°考虑范围：

1）著名文艺团体（如中国文联）

＊2）著名文艺演出单位（如中央芭蕾舞团、东方歌舞团、柏林爱乐乐团、英国皇家芭蕾舞团）

＊3）著名文艺演出场馆（如首都剧场、悉尼歌剧院、大光明电影院）

4）著名文艺制作企业（如好莱坞、北京电影制片厂、香港银都机构有限公司）

3°调整幅度：

2）、3）可适当增补约 30 条。

九、文化·教育类

1°现有条目 322 条（中 217，外 105）

2°考虑范围：

1）著名图书馆（如美国国会图书馆）

2）著名档案馆（如中央第一档案馆）

3）著名情报（非军事）机构（如中国科技信息所）

4）著名书院、院校（如岳麓书院、圣约翰中学、北京大学、哈佛大学、埃及大学、包豪斯）

＊5）著名体育团体（如国际奥委会、美国男篮梦之队、中华全国体育总会、国际田联）

＊6）主要通讯社、报社、电台、电视台（如美联社、人民日报社、美国之音、日本 NHK）

＊7）主要出版机构（如时代出版公司、人民出版社）

3°调整幅度：

5）、6）、7）可适当增补约 30 条。

十、自然科学类

1°现有条目 96 条（中 22，外 74）

2°考虑范围：

1）科学技术综合研究机构（如中国科学院、英国皇家学院、第三世界科学院）

＊2）科学技术综合学术团体（如中国科学技术协会、联合国教科文组织、国际标准化组织、国际计量大会）

＊3）著名天文台、气象台（如英国格林尼治天文台、中国中央气象台）

4）著名的学科（一级学科）研究机构（如中国医学科学院、中国农业科学院）

＊5）著名医院（如北京协和医院）

3°调整幅度：

2）、3）、5）可适当增补约30条。

十一、工程技术类

1°现有条目70条（中27，外43）

2°考虑范围：

1）著名油田、矿区（如大庆油田、海南铁矿、德兴铜矿、平顶山矿区）

2）著名电站、核电站、水坝（发电用）、水库（发电用）（如大古力水电站、秦山核电站、葛洲坝水利枢纽、阿斯旺高坝、克拉茨克水库）

3）著名车站、港口、航空港（如北京站、巴黎戴高乐航空港、鹿特丹港）

4）著名导弹、火箭、卫星、航天飞机发射中心（如酒泉卫星发射场、肯尼迪航天中心）

3°调整幅度：

可不再增补。

△）现共有条目 1420 条（中 666，外 754），尚可增补 220 条左右。

——1994 年为《中国大百科全书（简明版）》条目综合平衡工作制订

《中国大百科全书（简明版）》书刊设条参考

一、历史类

120 条（中 100，外 20）

二、地理类

20 条（中 10，外 10）

三、哲学·宗教类

266 条（48 ＋ 218）

宗教书刊条目太多，应减去 150 条左右

四、人类·社会类

46条（民族10＋考古19＋文物10＋社会7）

五、政治·法律类

33条（16＋17）

六、军事类
22条

七、经济类
11条

八、文学·艺术类

734条（中文150＋外文136＋美术92＋音乐124＋舞蹈15＋戏剧107＋电影110）

应减去200条左右

九、文化·教育类
273条（语文104＋图情档59＋新闻110）

应减去 100 条左右

十、自然科学类

60 条（数学 9 ＋地学 35 ＋地质 3 ＋天文 13）

十一、工程技术类

40 条（机械 4 ＋轻纺 17 ＋建筑 14 ＋水利 4 ＋服饰 1）

△）现共有书刊条目（包括作品）1625 条

其中三、八、九应减去 450 条左右，最终保留 1200 条左右。

——1994 年为《中国大百科全书（简明版）》条目综合平衡工作制订

《简明中华百科全书》总体规划

一、由来与现状

（一）由来

《简明中华百科全书》（简称《中华》）的工作始于 1987 年，原由研究室承担和负责。1991 年 3 月 1 日，社委会研究决定，将编辑《中华》的任务交由综合百科编辑部承担。1991 年 4 月，综合部开始与研究室协商交接，并分别与研究室原参加《中华》工作的 8 位同志谈话，逐个了解《中华》的编辑工作情况。接收到的材料包括 5 个方面：①《关于编辑出版〈简明中华百科全书〉的报告》；②《〈简明中华百科全书〉编纂体例》；③《〈简明中华百科全书〉条目表》；④中、英、俄文宣传材料《〈简明中华百科全书〉——一部全面介绍中国知识的工具书》；⑤其他材料。谈话内容包括 5 个方面：①条目组、撰稿情况；②条目编审情况；③对原来拟设的"概述文章"的想法和建议；④对原来拟设的"附录"

"附卷"的想法和建议；⑤对全书的想法和建议。

在对接收到的材料和谈话的内容进行综合整理后，对研究室在 1987～1991 年 3 月期间所做的工作有了初步了解：①《中华》设计由条目部分、概述部分、附录、附卷 4 大部分组成，设计规模为 300 万～350 万字（版面字数）。实际规模在 500 万～600 万字（版面字数）之间。②条目部分。设计条目数 1.5 万～1.8 万个，包括 24 个学科分支，分为特大条目（500～1000 字，占全部条目的 1%～3%）、大条目（300～500 字，占 10%）、中条目（100～300 字，占 40%）、小条目（100 字以下，占 40%）、参见条目（不超过 7%～9%）5 类；设计配置 1000 幅左右的随文插图和少量彩图插页。实际已组稿条目 18942 条，尚有少数条目未拟出条目表和组稿，已组稿条目实际平均每条 200 字左右，合约 380 万字；实际尚未组织配图，但如按 1000 幅图配置，按每图约占 400 字，当合约 40 万字。所以，条目部分（包括文图）实际约需 420 万字。③概述部分。设计 50 万字左右。实际尚未组稿。④附录部分。设计包括条目笔画索引、内容索引等，未设计字数。实际工作尚未进行，实际约需 62 万字（经测算）。⑤附卷部分。设计包括中国地图集、中国历史年表、中国分类大事记和其他必要的资料，"可单独使用，也可与主卷配套"，未设计字数。实际工作尚未进行，实际约需数十万字。

综上所述，截止到 1991 年 3 月综合部接手《中华》的工作之前，研究室已对《中华》进行了总体设计，列出了条目表（不是分类目录表），已组稿条目 18942 条。其余如配图、概述文章、附录、附卷等工作尚未进行。

（二）现状

1991 年 4 月，综合部开始催收条目稿件，并着手落实其他尚未进行的各项工作。至 1991 年 5 月底，仅收到条目 55 条。5 月 6 日，综合部就有关情况向王积业副总编作了汇报。5 月 31 日，向单基夫社长和王积业副总编作了汇报。6 月 24 日，向梅老作了汇报。7 月 3 日，社委会作出《关于编辑出版〈简明中华百科全书〉几个问题的决定》，要求"研究室原承担条目撰写和组稿任务的同志，要努力完成任务，在今年（1991 年）8 月底以前把撰写的条目和条目表及作者名单交给综合百科编辑部"。《决定》下达后，至 8 月底，综合部共收到条目稿件 11426 条，约占总条目数的一半左右。至 9 月底，共收到 15923 条；至 10 月底，共收到 17591 条；至 11 月底，共收到 18157 条；至 12 月底，共收到 19016 条；至 1992 年 2 月底，共收到 19404 条（含后来补充组稿的条目），尚有数百条稿件未交齐。

综合部对收到的稿件逐一进行了登记、清理、分类编号、整理分支条目框架、送请专家审稿等工作，并对部分条目进行了初步加工处理。此外，根据社领导关于尽早使《中华》问世的要求，综合部还对概述文章、配图、地图、大事记等工作提出了初步设想，并作出了初步安排。

（三）梅老对《中华》的几点意见

1992 年 1 月 28 日，社领导就协调《中华》的工作、与香港出版机构协商出版《中华》（繁体字版）等事项，召集有关部门负责同志开会。梅（益）老、单（基夫）社长、王积业副总编、林盛然副总编，以及展昭、郜宗远、吴希曾、傅祚华、阿去克、刘伯根等出席了会议。会上，梅老及社领导再次强调了保证质量的原则，大家均表示赞同。会后，综合部按梅老要求向梅老提供了有关《中华》的 9 份材料。梅老利用春节假期，仔细地审阅了上述材料。2 月 9 日，梅老召集王积业副总编以及吴希曾、刘伯根同志，着重就《中华》编辑方针和业务上的一些问题，谈了 10 点重要的意见（见【附件一】。系原规划的附件，本文略去不附）。

社领导及综合部对梅老的意见十分重视。根据梅老的指示精神，并经过反复研讨，综合部重新拟定并于 1992 年 3 月 3 日向社领导提交了这份《〈简明中华百科全书〉总体规划》。6 月 6 日，社领导批准了《总体规划》。

二、编辑方针

《简明中华百科全书》是一部全面、系统、简明地介绍中国古今文化知识的综合性百科全书。

《中华》主要是向中等文化程度的读者提供有关中国过去和

现在的一般知识，也可供国内外具有高等文化水平的读者查阅参考。《中华》与《中国大百科全书》是不同性质的辞书。

《中华》的编撰工作以马列主义、毛泽东思想为指导，坚持辩证唯物主义和历史唯物主义。

《中华》的编撰工作坚持"百花齐放，百家争鸣"，介绍知识持客观态度，实事求是。

《中华》的编撰工作要考虑两个效益，要从政治上着眼，使这部辞书对我国社会主义制度的巩固和发展能有所贡献。要通过条目进行爱国主义和社会主义教育，帮助外国读者正确认识和了解中国。

《中华》的选条工作遵循"详今略古"的原则。1840年鸦片战争以后的内容约占60%，1840年以前的内容约占40%。

《中华》的选条工作偏重社会科学。社会科学的内容约占60%，科技的内容约占15%，兼有社会科学和科技内容的地名地理占25%。社会科学方面着重介绍1840年以后150年尤其是1949年以后40年的历史，1840年以前的历史则有重点地分类介绍；自然科学方面着重介绍1949年后我国在各个领域取得的伟大成就，并介绍我国历史上的科技发明。

《中华》的选条工作要偏重现代特别是1978年后的新事物、新名词，突出一个"新"字。如应列选对国防工业有特殊贡献的已公开的科学家，以及"特区""经济技术开发区""一条街""扶贫""温饱工程""小康""小金库""扫黄""盲流""走穴""多极化""热点""投资保护协定""南极中山站"等条目。

《中华》的选条工作应包括具有普遍性的成语、典故，具有中国特色的名词如"平仄""对联""律诗""回文诗"等。

《中华》的选条工作应注重检索率，不收过专、过僻的条目。如宋代文学家，《中国大百科全书》收入 160 人，《中华》只需收入读者经常要检索的 20 人左右即可。

《中华》条目的撰写提倡综合的写法。如"五代十国"，只设一条，综合叙述，而后梁、后唐、后晋、后汉、后周等十几个国家则都列入索引。

《中华》条目的撰写要大量运用图、表、数字，以利于读者进行比较。文字无法表达或难于表达的内容，或有重大意义的内容，可考虑配置彩色插图。

《中华》条目的撰写要采用准而新的资料。统计数字一般截止到 1992 年底，重要的延到截稿期。

《中华》条目的撰写要采用精练、通畅的文字，力求字字珠玑。

《中华》条目的撰写，60% 左右从《中国大百科全书》各卷和我社上海分社编辑的《百科知识辞典》上摘写；30% 左右汇集大百科各卷中有关资料重新整理编写（如"毛泽东"条）；10% 左右由编辑部本身或约请专家撰写。

三、总体设计

（一）结构

《中华》设计为两卷本，版面字数为 500 万字左右，约 1600 个页码。采用文图一体四色印刷，大 16 开精装，分简化字和繁体字两种版本。全书包括正文、检索系统和附录 3 大部分。

1. 正文部分。包括条目、概述文章及相应的图表，共 440 万字。其中：条目 1 万条，合 385 万字，按汉语拼音顺序排列；概述文章一篇，约 5 万字；随文插图（含线条图、照片、地图）1260 幅，合 50 万字。

2. 检索系统部分。包括条目分类索引、条目汉字笔画索引、条目内容汉语拼音索引，共合 53 万字。其中：分类索引 1 万条，合 20 万字；笔画索引 1 万条，合 11 万字；拼音索引 2 万条（条目和内容索引的比例平均为 1：1），合 22 万字。

3. 附录部分。包括中国大事记、中国历史朝代表、古今计量单位换算表等，共合 6.5 万字。其中国大事记 1000 条，合 4 万字。

（二）学科分类体系与条目框架

1. 学科分类体系。《中华》的学科分类体系，以科学、实用为主旨，以详今略古、偏重社会科学为原则，以中等文化程度的人士为接受对象而建立。建立学科分类体系时，也注意吸收《中国大百科全书》、《简明中国大百科全书》（后改称《中国大百科全书（简明版)》)、《简明不列颠百科全书》、《辞海》等的长处。

序号	学科大类	分支学科	占总条目数的比例(%)	备注
1	历史	神话传说 政治史 社会经济史 文化史 民族史 对外交流史 历史地理	20	一般截止到1949年 人物一般截止到1949年前去世的 团体、机构一般截止到1949年前停止活动的
2	地理	行政区划 山川河海 旅游景观 地质矿区 铁路桥梁	25	行政区划一般收到县及县以上 包括旅游，不含地球科学
3	哲学·宗教	哲学 宗教	6	含社会科学总论 不含哲学人物兼政治人物的
4	人类·社会	民族 民俗 考古 文物 博物 社会学	6	含现代新名词（如特区、扶贫、走穴） 含华侨、华裔名人（不好归入其他具体学科，或兼涉几个具体学科的，如陈嘉庚）

（续表）

序号	学科大类	分支学科	占总条目数的比例(%)	备注
5	政治·法律	政治学 法学 科学社会主义 外交	6	含 1949 年后在世的政治人物 含政治人物兼哲学、军事、经济人物的（如毛泽东、陈毅、陈云） 含 1949 年后不再活动的党派、团体含现代外交 含台、港地区政治人物、机构
6	军事		3	含 1949 年后在世的军事人物 不含军事人物兼政治人物的 含台、港地区军事人物、机构
7	经济		4	含现代对外经济贸易 含经济体制改革 不含经济人物兼政治人物的 含台、港地区经济人物、机构
8	文学·艺术	文学 美术 音乐 舞蹈 戏曲 曲艺 戏剧 电影	10	人物只收艺术家，不收歌星等 对少数民族或女性艺术家不作特殊照顾 含木偶、皮影、杂技等 不含电视的新闻部分 含工艺美术

（续表）

序号	学科大类	分支学科	占总条目数的比例（%）	备注
8		电视艺术		
9	文化·教育	语言文字 图书 情报 档案 教育 体育 新闻 出版	5	含成语、典故 含书院、科举 含气功 含广播、电视，电视中不含电视艺术
10	自然科学	自然辩证法 数学 物理 化学 天文学 地球科学 生命科学	7	含科学总论 地球科学含地理学、地质学、气海水、 固空测 生命科学含生物学、农学、心理学、医学、环境科学 物理含力学、电子学
11	工程技术	矿冶 机械 电工 电子计算机 自动控制 化工 轻工 纺织 土木 建筑 水利 交通 航空航天	8	含现代科技成就 含烹饪、服饰 不含工艺美术

2.条目框架(条目分类目录)。上述学科分类体系获得批准后，即着手组织制定相应的《简明中华百科全书条目框架》。

四、条目编写体例

见【附件二】（系原规划的附件，本书单录此文）

五、工作机构

《中华》的编纂工作由"简明中华百科全书编辑委员会（简称编委会）"及其领导下的"简明中华百科全书编辑组（简称编辑组）"负责。

1.编委会。由梅老、社委会成员和社内外专家约15人组成。主要负责：确定负责三审的总编辑、副总编辑；指定责任编辑、各学科大类学科责任编辑、配图责任编辑；审批工作计划；审批经费预算；指导编辑组工作；指导制定并论证条目框架；审定重要稿件；指导《中华》前期工作的善后工作。

2.编辑组。以综合百科编辑部为基础，另从有关部门抽调或临时抽调若干学科编辑和图片编辑组成。主要负责：在编委会指导下组织制定条目框架；摘、编、组、撰稿；初审和加工稿件；申报经费；其他编委会布置的工作。

六、工作计划

1992 年 3 月～1992 年 7 月，制定条目框架

1992 年 7 月～1992 年 8 月，制定配图框架；制定概述文章撰稿大纲

1992 年 9 月～1993 年 2 月，摘、编、组、撰稿

1993 年 3 月～1993 年 8 月，编辑加工，图片加工，一、二、三审

1993 年 9 月～1993 年 12 月，成书编辑

1993 年 12 月底，发稿

七、编辑经费

《中华》共需编辑经费 17 万元。

1992 年需编辑经费 8 万元。

1993 年需编辑经费 9 万元。

——1992 年 6 月，作为《简明中华百科全书》责任编辑，向中国大百科全书出版社社委会作的报告

《简明中华百科全书》条目编写体例

1. 条目 条目是全书的基本检索单元。由条头、释文、公式、表格、插图等组成。

2. 条目框架 条目框架是根据编辑方针和学科分类体系建立的以条目为单元的系统。条目框架应包括条目类型和字数。

《简明中华百科全书条目框架》须在编委会领导下由编辑组组织制定。

3. 条目类型

3-1. 条目按篇幅长短分为4种类型：

①特长条目。4000～10000字（占版面5～10栏），占0.5%

包括：特大机构团体（如中国共产党）；

重要朝代（如唐朝）；

一级学科（如中国哲学、中国文学）；

省级地名（如湖南省、上海市）。

②长条目。1000～4000字（占版面2～4栏），占9.5%

包括：伟大人物（如孔子、李白、毛泽东）；

重大机构团体（如中央军委、中国国民党）；

一般朝代（如隋朝）；

重大事件（如长征、抗日战争）；

二级学科（如中国体育）。

③中条目。500 ～ 1000 字（占版面 0.5 ～ 1 栏），占 20%

包括：杰出人物（如鲁迅、钱学森、江泽民）；

大型机构团体（如中国科学院、清华大学）；

一般国名（如燕、赵）；

较大事件（如西安事变、皖南事变）；

省辖市级地名、特区、计划单列市（如广州市、深圳市、重庆市）；

重要概念（如仁、中国画、郡县制、军种）；

重要书刊（如《本草纲目》《天工开物》）。

④短条目（含参见条）。500 字以下（占版面 0.5 栏以下），占 70%

包括：著名人物（如叶挺、李铁映）；

一般机构团体（如中国佛教协会、中国共青团、九三学社）；

一般事件（如皇姑屯事件）；

地、县级地名（如开封市、丰都县）；

一般概念（如北京国际机场、经济特区、兵种）。

3-2. 条目按其内容分为 10 种类型：

①人物条目；

②书刊条目；

③历史朝代条目；

④地名条目；

⑤机构团体条目；

⑥学科条目；

⑦事件条目；

⑧实物条目；

⑨概念条目；

⑩其他条目。

4. 条目分类型编写提纲

4-1. 人物条目编写提纲：

（1）条头后括注生卒年

（2）释文叙述顺序一般为：

①身份；

②别称；

③籍贯 / 生卒年、月、日、地；

④民族 / 性别；

⑤出身、学历、学位；

⑥［学术人物］学术经历及活动 / 学衔及学术职务，［政治人物］从政经历及活动 / 军衔及官职；

⑦［学术人物］学术成就及著作，［政治人物］贡献及影响；

⑧主要社会活动／社会职务／荣誉称号。

（3）籍贯一般具体到县一级。古今地名不同但范围相近的，应括注今名；古今地名范围不同的，应视情况分别括注"治今……"或"今属……"。

4-2. 书刊条目编写提纲：

①学科类别或方面；

②出版或创刊时间；

③著作人或创刊人；

④出版或编辑单位；

⑤版本或刊种；

⑥再版次数或总期数；

⑦主要内容；

⑧地位和影响。

4-3. 历史朝代条目编写提纲：

（1）条头后括注起讫时间

（2）释文叙述顺序一般为：

①别称；

②创建人、时间、被替代朝代；

③亡国人、时间、替代朝代；

④世系；

⑤政治、军事、经济、文化、社会发展史／主要成就／著名人物；

⑥在整个历史中的地位和影响。

4-4.地名条目编写提纲：

① [省级] 地理位置、经纬度,[地级] 所属省,[县级] 所属省、地；

②简称、别称；

③ [省级] 下辖地级单位名称、县级单位数目,[地级] 下辖县级单位名称；

④人口、民族；

⑤建制沿革；

⑥自然资源和物产、国民生产总值、国民收入；

⑦名胜古迹；

⑧著名人物、事件。

4-5.机构团体条目编写提纲：

①性质；

②创始人、创始时间、沿革；

③成员数量；

④组织形式／领导机构／分支机构；

⑤活动范围、内容；

⑥出版物；

⑦重要领导人；

⑧影响。

4-6.学科条目编写提纲：

①研究对象、特征；

②起源和沿革；

③研究内容／分支学科；

④现代主要研究机构；

⑤与其他学科的关系；

⑥代表人物／代表著作；

⑦发展趋势。

4-7. 事件条目编写提纲：

①性质；

②肇始人或领导人、发生时间、地点；

③过程；

④作用、意义、影响；

⑤后世主要研究者／研究著作。

4-8. 实物条目编写提纲：

①实物定性；

②［物品］制作或发掘时间、地点，［构筑物］建造时间、位置；

③［物品］尺寸、形态，［构筑物］占地、规模、造型特点；

④功用；

⑤价值；

⑥影响。

4-9. 概念条目编写提纲：

①所属学科或方面；

②词源；

③内涵；

④外延；

⑤基本内容。

5. 条目释文格式

5-1. 条头顶格写，后空一格起正文。

5-2. 条头上不加汉语拼音，后不附英文名称。

5-3. 条头异称和又称放在定义之后。

5-4. 中、短条目一般不分段，不设层次标题。特长条目和长条目可分段，可设层次标题。层次标题为段首标题。前空两格，后空一格起正文。只有一层标题时，标题下画单横线（————）；有两层标题时，上一层标题下画波浪线（〜〜〜〜）。

5-5. 分列事项用圈码①、②、③……表示。

6. 公式

6-1. 一律单独居中占行，式末不加标点符号。

6-2. 运算符号用斜体，单位符号用正体。字体、大小写、文种均用铅笔注明。

6-3. 运算符号的解释文字另行起顶格写，每个符号解释完了用分号，全部符号解释完了用句号。

7. 表格

7-1. 表内文字最后不加标点符号。

7-2. 表格外侧不加竖线，表格中尽量少用横线。

7-3. 文内呼应形式为："（见表）"或"（表 1）、（表 2）"。

8. 随文插图

8-1. 必要时应加配随文插图。

8-2. 一般用线条图，不用黑白照片。

8-3. 文内呼应形式为："（见图）"或"（图1）、（图2）"。

9. 资料核对

9-1. 采用 1992 年后的新资料。

9-2. 所有资料须经核对无误。

10. 名词统一

10-1. 各学科的学术名词术语按国家有关标准统一。

10-2. 同一概念在不同学科中有不同术语，已成习惯的，学科之间不硬统一（如数学中用"向量"，物理学中用"矢量"）。

11. 数字

11-1. 以下数字用阿拉伯数字：统计数据；公元纪年；生卒年月日；时；温度；经纬度；财政年度；现代书刊的版次、卷次、期号；图号；表号。

11-2. 万以下的数字直接写（如 2560），万以上的数字以万和亿为单位写（如 1000 万、2.5 亿）。

11-3. 以下数字均用汉字：夏历纪年；中国历史朝代年号；星期；中国古卷次；成语、专用名词、习惯用语（如七上八下、五卅运动、两三亩）；表示次序的数字（如第三行、第二类、第十二届）；一般叙述时九和九以下的数字（如出过八本书）。

12. 计量单位

12-1. 采用法定计量单位。

12-2. 行文中的单位一般用中文名称，必要时括注符号。

12-3. "℃"（摄氏度）"K"（绝对温度）" ° "" ′ "" ″ "（角度、分、秒）等常用单位从习惯，用符号表示。

13. 历史时期和朝代

13-1. 公元前的世纪、年份加"公元前"字样（如"公元前21 世纪""公元前 221～前 206 年"）。

13-2. 世纪、年份起讫用起止号（～），财政年度起讫用一字线（—）。

13-3. 公元前以千年为单位的时间概念，可用"千纪"（如公元前 3000～前 2000 年可称"公元前第 3 千纪"）。

13-4. 一个世纪的一半，可称"上半叶""下半叶"；一个时期的中间一段可称"中叶"（如"清代中叶""19 世纪中叶"）。

13-5. 公元后的世纪、年份一般不加"公元"字样，但较小的年代（100 以内）为避免误解须加"公元"二字（如"公元 3 年"）。起讫年代跨越公元前后的，应写为"公元前 206～公元 23 年"。

13-6. 中国历史纪年一般应加注公元纪年［如"唐开元二十七年（739）"］，但对于整个时期和朝代则不注公元纪年（如"唐代"）。同一条目中同一年号，一般只在第一次出现时加注公元纪年。

13-7. 表示时期概念时，历史朝代一般写作"代"，不写作"朝"（如"唐代"不写作"唐朝"）。

14. 近现代历史时期和政权

14-1. 不用"解放前""解放后""旧社会""旧中国""新中国"字样。1911 年以前直称朝代；1912 年 1 月 1 日～ 1949 年 9 月 30 日称"中华民国时期"，或"中华人民共和国建立前"；1949 年 10 月 1 日以后称"中华人民共和国建立后"。

14-2. 中华民国（1912 ～ 1949）各个时期的政府在释文中取下述提法：1912 年 1 月 1 日～ 3 月 31 日称"中华民国临时政府"或"南京临时政府"；1912 年 4 月 1 日～ 1927 年的北京政府称"北洋政府"；1925 年 7 月～ 1927 年 1 月的广州政府称"广州国民政府"或"广州革命政府"；1927 年 1 月～ 1937 年 12 月和 1946 年 5 月～ 1949 年 4 月的南京政府称"南京国民党政府"；1938 年～ 1946 年 5 月的重庆政府称"重庆国民党政府"。上述历届政府在涉外关系时也可泛称"中华民国政府"。

14-3. 对中国共产党领导下的人民政权一般不称"中华民国时期"，而称"中国新民主主义革命时期"。按时期区分：第二次国内革命战争时期中国共产党所开辟的地区称"革命根据地"；抗日战争时期中国共产党领导的地区称"抗日民主根据地"；第三次国内革命战争时期中国共产党所解放的地区称"解放区"。

14-4. 1966 ～ 1976 年这一时期称"文化大革命"时期。

15. 注释

15-1. 条目释文对难认字括注读音。

15-2. 条头中有难认字的，在释文中出现该字时括注读音。

16. 繁体字、俗体字、大写字

16-1. 除 16-2. 和 16-3. 所列情况外，一律用 1986 年新版《简化字总表》所列的简化字。

16-2. 古代人名、地名、书篇名和古籍文句，一般也用简化字或选用字，但可能引起误解时宜保留繁体字或异体字（如人名"魏徵""凌濛初""洪昇""朱簾秀""蒋幹""王濬"不作"魏征""凌蒙初""洪升""朱帘秀""蒋干""王浚"，地名"扶馀"不作"扶余"，书名"唐音癸"不作"唐音癸签"，古籍文句"纷"不作"纷拿"）。

16-3. 回溯词源，解释古字含义的不用简化字（如"汉文'法'字古体为'灋'……"）。

16-4. 需用的繁体字，外加铅笔方框。

16-5. 正体字和俗体字并存的字，概用正体字（如用作姓的"萧"字不写作"肖"，用作"口"解的"嘴"字不写作"咀"）。

16-6. 必须用大写字的地方，不用小写字（如"贰臣"不能用"二臣"）。

17. 参见

17-1. 条头有检索率高的异称的，得设参见条目。

17-2. 条目释文中的参见只是在有助于理解该条目释文时才设置。

17-3. 释文内参见的设置办法：当被参见条目的条头在本条目释文中出现时，直接在被参见条目下方画单横线（————）；否则，括注"（见×××）"并在×××（被参见条目）下方画单横线（＿＿＿）。

18. 内容索引

18-1. 未设条目的比较重要的人名、书刊名、国名、地名、机构团体名、学科名、事件名、实物名、概念等名词，得设为内容索引。

18-2. 条目释文中内容索引的设置办法：用铅笔在该名词周边加画方框。

18-3. 内容索引与条目的比较为 1∶1，即全书共设内容索引 1 万条。其中：特长条目和长条目与内容索引的比例约为 1∶5，中条目与内容索引的比例约为 1∶2.5，短条目一般不设内容索引。

——1992 年 6 月，作为《简明中华百科全书》责任编辑拟订

《百年叱咤风云录（系列 VCD）》
审读报告

一、情况说明

在 20 世纪即将结束的时候，为了向广大观众展示百年来的风云际会、兴衰荣辱，英国广播公司（BBC）从世界各地搜集了大量珍贵的历史镜头，编成了一部名为《人民的世纪》（*People's Century*）的大型历史文献电视片。

1998 年中，香港凤凰卫视中文台从 BBC 购进了该片在香港地区的电视播映权。根据中国国情和香港观众的观赏需要，凤凰卫视聘请国内有关部门和专家，对原片作了增、删、改编和翻译，补充了大量有关中国的历史画面，并易名为《百年叱咤风云录》。凤凰版《百年叱咤风云录》分为历史、事件、成就、冒险、爱情、人物 6 篇，凡 84 章、420 集，画面同期声和字幕已分别译为汉语普通话和中文繁体字，并由著名电视节目主持人杨澜女士解说。

凤凰版播出后，在岛内外激起了巨大的反响。

为满足大陆广大观众的需要，我社决定引进《百年叱咤风云录》之"历史篇"，以 VCD 等形式出版发行。"历史篇"BBC 原版 26 章、128 集。凤凰版在 BBC 原版的基础上改编了 2 章，增加了 4 章，现为 30 章、148 集。其版权，24 章归 BBC 所有，4 章归凤凰卫视所有，2 章为双方共有。自 1998 年 10 月起，我社在文化部电化教育中心和香港联懋集团的大力支持下，经与 BBC（甲方）和凤凰卫视（乙方）多次洽谈，达成了从甲、乙两方购进《百年叱咤风云录》（历史篇）在祖国大陆之音像出版权及电视播映权的意向。

近半年来，我们已完成对凤凰版的初审工作，确认了引进版权的可行性；报请国家版权局进行了著作权合同认证登记（像字 01-［1999］0470）；报请文化部进行了发行许可审查（文像进字［1999］427）；根据文化部的审查意见及社领导的指示精神，对凤凰版进行了全面、细致的审读，提出了改编成百科版 VCD 的具体意见和建议。

二、审读意见

(一) 对全片的总体看法

《百年叱咤风云录》（历史篇）通过 30 章、148 集的声像资料，比较全面地反映了 20 世纪世界历史的发展进程，阐明了 20 世纪重要的政治、经济、科技、文化现象与重大历史事件、重要历史人物之间的基本关系。立论比较客观，脉络比较清晰，资料比较珍贵，画面比较精彩，语言比较生动、活泼，可视性较强。

过去的一百年，是中国人民与世界人民一起，共同经历了战争与和平、殖民与独立、落后与繁荣的一百年。世纪之交，世界仍不太平，中国尚不发达。回顾过去，我们当能从世界历史和中国历史的进程中，看到我们祖国光辉灿烂的未来，满怀信心地迈向新世纪。从这个意义上说，这部片子值得引进出版。

引进时，建议将"《百年叱咤风云录》（历史篇）"径直冠名为"《百年叱咤风云录》"，先出百科版 VCD（每章 1 盘，共 30 盘），再视市场情况考虑是否在电视台播放。

（二）对有关章、集的画面语言和字幕，从政治角度作了较大修改

举要如下。

1.14 章：1945·新世界

1）14-2 曾被报界描述为三大盟国之一的俄国大叔，现在变成了残酷的独裁者，他强迫所有的国家进行新的改造。——删。

2）14-2 苏联的漫画家们响应号召，他们粗制滥造的讽刺画是新型战争的一部分，政府教育人民要去控制其他民族。——改为：

苏联的漫画家们响应号召，他们的讽刺画是新型战争的一部分。

3）14-2（谢瓦什科同期声）每人都生活在恐惧之中，孩子们喜欢听我讲述战时的故事，但是我从来不敢谈易北河会师那件事。假如我公开谈论易北河，我就要遇到麻烦，就可能受到监视和遭到秘密警察的审问。——删。（讲苏联）

4）14-3 在这个封闭的国家里，社会舆论在传播西方国家的消息时受到限制。——删。（讲苏联）

5）14-3 由苏联控制的东欧国家政府……——改为：东欧国家的政府……

6）14-3（歌曲）我听说华盛顿一片慌乱，那些共产党和间谍正在耍弄我们。……——删。

7）14-3 如果没有对新闻媒体的控制，白色独裁就不能存活，这个城市闹独立性的报纸编辑很快被扔进了集中营。——删。（引用美国福克斯公司的一部电影中对"美利坚苏维埃共和国"的臆想）

8）14-4 最后一个充当空中狙击手的任务也胜利完成了。追击红色强盗和解救一个只希望获得自由的国家已令我厌倦，它要以朝鲜人和美国人的生命与鲜血作代价。美国人决心阻止共产帝国主义。——删。

9）14-4（科兹洛夫同期声）这座电台是我们与西方世界唯一的联系，邻居会因为你收听它的节目而告发你。——删。

10）14-4（科兹洛夫同期声）爵士音乐在我们这里是被禁止的，他们宣传说，……"今天他演奏爵士乐，明天他就出卖祖国。"……——删。

11）14-4 在庆祝活动中，群众砸了共产党的大楼，焚烧了苏联的宣传品及马克思和列宁的著作。……——删。（讲匈牙利）

12）根据文化部的审查意见，本章需经适当删削和修改，报文化部复审后方可出版发行。相信经过以上删改，可以达到复审要求。

2.22 章：1963·影像的力量

1）22-3 60 年代冷战时期，苏联和其他世界上三分之二的人正在遭受奴役。——删。

2）22-5（1989 年 12 月，齐奥塞斯库在布加勒斯特集会上讲话……局势失控……齐奥塞斯库被处死一段）——删去血腥画面；解说按我国政府的口径从简。——已与制作人具体协调。

3.23 章：1958·社会"大跃进"

1）本章移至"1959·救救地球"之前。

2）23-2 通过谈判，偏僻而神秘的西藏，也承认了中央人民政府。——改为：通过……西藏，也于 1951 年 5 月和平解放。

3）23-3 人们被动员起来，揭发批判那些向共产党和政府进攻的人，这些人被说成是资产阶级的"右派"。在全国，有好几十万人被确定为"右派"分子，……——改为：这就是"反右运动"。这场运动后来严重地扩大化了，几十万人被错划为"右派"分子，……——按中央的现行政策是："反右运动"没有错，错在扩大化了。原画面及解说词未点明这两者的区别。

4）23-4 毛泽东甚至发愁地说，粮食这么多，吃不完该怎办呢？……——删。按客观效果不好。

5）23-4（关于中国 60 年代初的灾荒）……统计数字表明，上千万人死于灾荒。实际数字可能还要多一些——删"实际数字可能还要多一些"一句，仅以统计数字为准。

6）其他还有多处的画面及解说词值得商榷，待报告三审确定。

4.29 章：1989·苏东剧变

本章的内容最为敏感。文化部的审查意见是：需经适当删削和修改，再报文化部复审后方可出版发行。我们在反复审看后认为，本章基本史实是清楚的，但画面和语言均高度敏感，虽未直接违背中央有关精神，但客观效果不好。鉴于整个一章基本如此，如勉强在原有基础上修改，一则分寸极难把握，二则势必改得支离破碎、不成体系。

一个办法是彻底删除本章。但本章是倒数第二章，主要讲 1989 年以后的世界历史特别是苏联东欧的历史，最后一章则是全篇的总结。故若删除本章，则百年的历史就缺损了十多年，整部片子就不完整了。

最好的办法是：由凤凰卫视根据我方意见重新编辑一章。章名可叫"走向多极世界"或"激荡的年代"，主要包括五方面的内容：①苏东剧变，冷战结束，以美苏两极主宰世界事务为标志的雅尔塔体制即两极格局瓦解；②海湾战争，美国一极独大；③香港回归，中国的政治地位凸显；④亚洲金融危机，亚洲经济对世界经济影响日甚；⑤欧元出世和科索沃战争，世界并不太平，但各国人民正在觉醒。如按照这个思路来概括冷战结束后的国际局势和走向，则于原片整体内容有补，于通过文化部审查有利，更于广大读者有益。经向主管社领导汇报，领导上原则同意这个想法，并提出了重新编拍的指导思想。根据领导要求，已与凤凰卫视制作部的同仁合作，拿出了重新编辑的 29 章，即"走向多极世界"。

相信目前的新的 29 章，能获得文化部审查通过，并适宜我社出版发行。

（三）对有关重大史实，作了订正

举要如下。

1.1 章：序·同行百年

1）1-1 一首歌唱人类创造力的流行曲，热情赞扬了 1908 年世界上第一辆汽车，从一个叫福特的美国人家里开出来。——改为：一首歌唱人类创造力的流行曲，热情赞扬了美国福特汽车公司按标准化、专业化原则生产的 T 型汽车大量投放市场的情形。

——按：汽车是法、英、德、美等国的创造发明者经过不断试验，而逐步创制、发展起来的综合产物。从早期的蒸汽汽车、蓄电池电力汽车到现代的汽油机汽车，经历了 200 多年的时间。福特生产的不是世界上第一辆汽车。

一般认为，1769 年，法国的 N.J. 居诺制成的三轮蒸汽汽车，是世界上第一辆能够真正行驶的汽车。此后，英国的 W. 默克多于 1784 年，英国的 R. 特里维西克于 1801 年，以及英、法、美等国的其他研制者，先后制成多种蒸汽汽车。

1881 年，法国巴黎出现蓄电池电力汽车。此后到 20 世纪初，电力汽车一直占主导地位。

1885 年，德国的 C. 本茨创制三轮汽油机汽车，并于 1886 年 1 月 29 日取得世界上第一辆汽车专利。1886 年，德国的 G. 戴姆勒创制世界上第一辆四轮汽油机汽车。在这前后，法国的 E. 勒努瓦，奥地利的 S. 弥库斯，德国的 N.A. 奥托，美国的 H. 福特等人，都对汽车的发展作出了重大贡献。一般认为，本茨和戴姆勒是现代汽车的最主要和最成功的创制者；而福特的贡献则在于按标准化原则生产出大量价格低廉的 T 型汽车，使之得以普及。

2）1-2 由列宁于 1917 年缔造的世界上第一个社会主义国家，在经历了 70 多年的风风雨雨之后，一夜之间宣告解体，分裂成了 12 个国家。——改为：在列宁缔造的世界上第一个社会主义国家的基础上形成的苏联，在经历了 70 年的风风雨雨之后，终告解体，分裂成了 15 个国家。

——按：列宁于 1917 年 11 月 7 日缔造的第一个社会主义国家是俄罗斯苏维埃联邦社会主义共和国，严格地说不是苏联，不存在解体的问题。苏联全称苏维埃社会主义共和国联盟，存在于 1922 年 12 月 30 日～1991 年 12 月 26 日，历时 69 年。1922 年 12 月 30 日开始形成的苏联，由俄罗斯联邦、乌克兰、白俄罗斯和南高加索联邦等 4 个部分组成。以后，苏联逐渐扩大。至 1940 年 8 月，共拥有 15 个加盟共和国，此后未再大变。80 年代末至

90 年代初，苏联民族矛盾迭起，一些加盟共和国与联盟中央的矛盾日益激化。1990 年 3 月 11 日～1991 年 12 月 12 日，以立陶宛为肇始者，15 个加盟共和国中的 14 个先后宣布独立。1991 年 8 月 19 日，苏联爆发针对戈尔巴乔夫的"8·19"事件。8 月 24 日，戈尔巴乔夫宣布辞去苏共中央总书记职务，并建议苏共中央"自行解散"。12 月 21 日，俄罗斯等 11 个加盟共和国签署《阿拉木图宣言》和《独立国家联合体协议议定书》，宣布苏联"将不复存在"；俄罗斯联邦也正式独立。12 月 25 日，戈尔巴乔夫宣布辞去总统职务。12 月 26 日，苏联最高苏维埃共和国举行最后一次会议，宣布苏联停止存在。因此，不存在一夜之间宣告解体，分裂成 12 个国家的问题。

2.12 章：1939·全面战争

△）本章较少涉及中国共产党及其领导的军队，未从高层、全局、正面反映中国的抗日战争。——已提请补缺。

3.17 章：1949·新国家诞生

△）17-2 在日本军队的扶持下，他（汪精卫）在南京成立了一个国民政府，自己当了国民政府主席兼行政院长。——改为：……成立了一个所谓的"国民政府"，自己当了所谓的"国民政府主席"兼"行政院长"。

4.28 章：1978·改革和开放

1）28-1 这年 2 月 7 日，《人民日报》发表两报一刊社论，题目叫《学好文件抓好纲》。——改为：这年 2 月，《人民日报》、

《红旗》杂志、《解放军报》发表两报一刊社论，题目叫《学好文章抓住纲》。

2）28-4 原安徽滁州地委书记王玉昭……——改为：原安徽滁州地委书记王郁昭……

3）本章缺少有关香港回归的资料。——已提请补缺。

（四）对有关语言、文字、画面作了编辑技术上的处理，统一了全篇体例

举要如下。

1. 对人物的译名作了核实订正。如列宁的原名，原片译为弗拉吉米尔·依里奇·尤拉诺夫。——现按中央编译局翻译、人民出版社出版的《列宁全集》改正为：弗拉基米尔·伊里奇·乌里扬诺夫。

2. 对有关地名作了核实订正。如将片中提到的 1917 年的圣彼得堡改为彼得格勒——按圣彼得堡（1703～1914；1991～）、彼得格勒（1914～1924）、列宁格勒（1924～1991）是不同时期对同一地方的不同称谓。

3. 统一数字表示法，一般均改为阿拉伯数字。

4. 分别统一了主持人语言、历史资料中的人物语言、采访者同期声的字幕表示方法。

5. 作了其他文字处理。如车箱改正为车厢，"五·四运动"、"五·四"运动统一为五四运动，"铁塔尼号"统译为"泰坦尼克"号，等等，不一一赘述。

（五）审读工作小结

审读工作中，走访了有关部门和专家，重温了国家有关规定，查询了不少史料，也与凤凰卫视有关负责人交换了意见。目前，该片已按前述审读意见进行了修改乃至重拍。我们认为，经过修改重拍后，《百年叱咤风云录》已基本达到了我社出版 VCD 的要求。但有关重要之处，还须领导最后审查定夺，以便尽快安排进一步修改和复制生产。

又，为便于宣传推介本片，草有《〈百年叱咤风云录〉提要》一份，也请领导审查。

审稿人：刘伯根

1999 年 7 月 5 日

美国的图书市场与销售

目前，全美共有 9000 多家大大小小的出版社，1998 年共出版新书 5.6 万种，总销售额 230 亿美元，占整个传媒业的 12%。而传媒为全美第十大产业，排在医疗、保险、教育、食品、建筑、旅游、汽车、电子、电信之后，位列航空、服务业之前。美国出版协会（AAP）根据市场和销售渠道的不同，将图书分为 7 类，即成人类、青少年类、大学出版类、大众市场类、邮寄直销类、图书俱乐部类、科技及商业类。这 7 类图书的总销售额略多于教材。销售量较大的图书依次是成人类、图书俱乐部类、大众市场类、科技及商业类。在众多出版社中，前 26 家大出版社的销售额占到总销售额的 50% 以上，这些出版社（集团）通过兼并扩大市场的势头正在加强。在全美图书总销售额中，国内市场约占 90%，国外市场仅占 10%，反映出这个图书市场主要是美国国内市场，这与中国的情况比较相近。在美国的前四家大出版企业，均为外国资本。

一、七大图书销售通道

美国图书销售的基本方式，主要有以下 7 种。

1. 出版社自办发行销售。大中型出版社通常有自己的销售人员和机构，有的还有自己的书店，实力更强的设有连锁书店。出版社的销售人员分为两类。一类是作为出版社职员的拿工资的销售人员，另一类是由出版社支付佣金的销售人员。通常，出版社在某个地区的销售额较大时（如超过 100 万美元），就考虑在该地区设立自己的工资型销售人员；否则就将这个地区的销售业务委托给有关公司或个人代理，并向代理人支付相应的佣金。

2. 通过分销商销售。这是中小出版社的主要销售方式，大型出版社有时也通过分销商销售。过去，全美有 60 多家分销商，现在只剩下 4 家。对很多出版社来说，它们只剩下 4 个"顾客"了。这个分销系统不像以前那样复杂、多彩了，而是充满了垄断意味，售不出去的书是要退货的。但是，分销商也确实对中小出版社提供了帮助，因为后者没有自己的书库和销售能力。出版社批发给分销商的价格通常为码洋的 50% ～ 60%，通过分销商批发的图书约占总印量的 30%。

3. 直销。即主要通过邮寄将书直接送到读者手中。出版社通常在出书前印出各种宣传品，寄给某些特定的用户；有些用户对出版社比较了解，在看到宣传品后也会主动与出版社联系。直销方式可减少中间环节，优惠读者，且针对性强，可弥补其他销售方式之不足。

4.图书馆销售。出版社与图书馆保持固定联系，熟悉图书馆的不同需求和购书预算，即时向它们提供出版信息，并以优惠折扣向其供货。个人读者是经常变化的，而图书馆作为"顾客"有其稳定性、倾向性。出版社通常都不会放过图书馆这个特殊的"顾客"，而会采取特殊的销售政策，进行专门的有针对性的销售。

5.通过独立书店和小书店销售。这些书店不是通过分销而是直接向出版社购书。它们的进货量虽不大，但因其遍布全美各地，因而总量是可观的。独立书店和小书店直接面向读者，它们的销售量直接反映了读者对图书的欢迎程度，是出版社据以了解市场的"晴雨表"。

6.网上销售。这是图书销售的一个重要趋势。目前，全球已有100多家网上书店，影响较大的有亚马逊网上书店、贝塔斯曼网上书店等。亚马逊网上书店是全美也是全球最大的网上书店，目前已有800万网上顾客。亚马逊迄今为止未做过一份广告，也尚未赢利，但其股价却一路飙升。书店把赚来的钱不断地投入到新建书库等扩大再生产中，目标是占住未来的网上大市场，故前景看好。亚马逊书店设有详尽的网上顾客个人档案，其服务内容着实周至。

7.图书俱乐部销售。这种销售方式过去取得了很大成功，但目前面临着网上书店的挑战。俱乐部要向顾客寄送大量的宣传材料和推荐书目，销售成本要比网上书店昂贵得多。著名的双日直销公司已开始将注意力转移到网上销售上来，但他们认为，通过寄送材料和优惠购书等方式吸引读者仍然有效，这种方式仍将存在下去。

二、六大销售机制

与美国图书销售方式的多样化一致，美国出版社的图书销售机制也有其显著特点。在出版社特别是大中型出版社中，通常都设有"市场部"或称"市场营销部"。市场部和编辑部（指策划编辑而非文字加工编辑）是出版社内两个最重要的部门。市场部通常有信息、宣传、公关、广告、促销、邮购直销、销售管理、销售代表（分为工资制销售人员和佣金制销售人员）等人员。广告、促销费用通常为出版社年总实洋的 10% 左右。这种机制有 6 个特点。

1. 全局观点。出版社最重要的活动是经营活动。一本书自开始策划就要考虑到销售前景，就要进行市场分析、调查和预测。为此，每本书都要由市场部、编辑部和财务部共同提出预算。一旦选题确定并开始运作，所有部门都要以此为中心，按同一个节奏，围绕市场运转。

2. 策划、经营人员与执行、实施人员分开，高级劳动与一般劳动分开。"编辑部"侧重策划，文字编辑、校对、印制则属"出版部"；同理，"市场部"主管市场营销，具体的储运、发货、读者服务、书店工作等则另由"执行部"（fulfillment dept.）执行。编辑部和市场部作为两个主要部门，负有重要责任，享有较高待遇。

3. 促销手段灵活多样。通常，对重点书，出版前 6 ～ 9 个月其宣传材料、订单乃至"假书"就要送达订货者手中，定价要完全确定下来。图书按预定日期出版后，出版社通过电话、电视、专业刊物、签名售书等方式大作宣传和广告，重要的书还通过互联网分销商作广告，同时向图书馆、有关行业人员、中小书店游说。对不同的渠道和客户，给予不同的批货折扣和回款周期。

4. "印前销售"和正常销售相结合。图书正式出版前，即开展一系列的"印前销售"活动；一俟出版，便能立即就市，读者即能在各地书店见到；读者在见到书前已有初步印象，见到书时有"相识感"，容易接受并购买。

5. 营销新版书与反复翻炒重印书相结合。对出版社而言，新书总是少数。做深、做细重印书的销售工作是整个销售工作的基础，是出版社的长期利益所在。

6. 先出精装书，后出平装书；越是畅销书，优惠幅度越大。对畅销书，出版社利润很大，故愿意多让利给读者，这样对自己也有利。故一般来说，畅销书总是不贵。这与我国的情况有所不同。

三、五大启示

美国的图书市场与销售机制是由其特定的体制决定的，尽管如此，这里面还是有很多经验值得我们借鉴；当然，也有些方面我们是要努力避免的。

1. 一切按市场运作，让市场决定效益，让市场决定出版内容和出版时机，这是美国出版业的一个显著特点。因此，美国出版社关注的主要是经济行为和经济效益。这一方面使得它的企业使命变得单一、有活力，但另一方面也会导致它的社会文化功能的弱化。

2. 美国政府不是以行政方式，而是通过法律、税收、财政补贴等或明或暗的方式，来保护、制约和影响出版业，输出美国文化。①对盗版行为，不像大多数国家那样以民事论处，而是以刑事罪判刑；②对儿童用书，禁止色情、暴力内容；③对中小学教材，不统一编写，但中小学必须在州一级教育行政部门推荐的范围内选用；④出版社的存货计入生产成本，这个规定客观上抵减了出版社的纳税额；⑤出版商到国外售书，其差旅费可抵减税金；⑥美国对许多国家的"禁运"不包括图书出口（只有对古巴例外）；⑦出版物邮寄费便宜；⑧全国1000多家非营利出版社中，130多家是由国家供养的；⑨美国政府认为必要时，会出资让小出版社参加国际书展。

3. 美国出版业的集团化趋势正在加强，图书市场趋于垄断。

26 家出版集团占据了一半以上的图书市场；四大分销商、八大印刷集团控制了批发、印制行业。分销商的集中化，也给我国出版物进军美国市场提供了便利，因为我们可以借助这个分销网络入市。就我国国内而言，如能尽快规范"二渠道"，使之成为新华书店的有力的、合法的竞争对手，或许对促进出版繁荣和健康发展不无裨益。

4. 美国的图书市场中，国外部分不足 10%，与我国的情形类似，两国在合作出版、版权贸易、图书贸易等方面有互补性。近年，我国购买美国版权增多，但我们的图书进入美国市场的仍不多，祖国大陆的份额还不及台湾一个省，这无论从经济上还是从文化上、政治上考虑都值得我们重视。

5. 随着网上书店、各种附生的电子读物（如"火箭书"）等的蓬勃兴起，出版物的销售理念和行为都面临着巨大的变革和挑战。对中文图书这样一个庞大的市场，鼓励、扶持发展自己的大规模的网上书店，或许意义深远。

——原载《出版发行研究》1999 年第 11 期

冀鲁出版业考察报告

为贯彻落实中共十四届五中全会精神，回顾总结"八五"期间我社在图书生产与经营管理方面的成败得失，展望规划"九五"期间我社（中国大百科全书出版社）的发展宏图，1996年1月8日至13日，社委会派出以王德有副总编为组长的6人学习考察小组，赴河北、山东两地6家出版单位，进行了为期6天的学习、考察。这6家出版单位是：河北省新闻出版局、河北教育出版社、河北科学技术出版社、山东省出版总社、山东科学技术出版社、山东教育出版社。临行前，单基夫社长专门召集考察小组成员，布置了学习、考察的任务，提出了具体要求。

考察期间，两省6家出版单位的主要负责人均亲自出马，热情地接待我们并向我们介绍经验。先后共有40余位同志参加了6次座谈会，向我们传经送宝，我们获益匪浅。在兄弟出版社的成绩面前，我们看到了自己的差距，也坚定了发奋图强、把我社工作搞上去的信心。

下面就几家出版社的基本状况、管理体制、生产经营机制等方面的情况和我们学习考察的收获报告如下：

一、基本状况

（一）建制与规模

6 家出版单位的建制有所不同。除河北局和山东总社外，4 家专业出版社均规模不大，约在 60 ～ 90 人之间，实行事业单位企业管理。

河北局与河北总社是一个单位两块牌子，是自收自支的事业单位。除直接经营全省中小学课本外，还对直属的 7 家专业出版社（人民、教育、文艺、美术、科技、少儿、音像）、3 家印刷厂、全省新华书店和外文书店系统实行行政管理。河北教育社 1986 年建立，现有职工 82 人，其中编辑人员 42 人。河北科技社 1985 年建立，现有职工 59 人，发行人员占较大比例。

山东总社是一个独立于山东省新闻出版局之外的企业集团，是集编、印、发、供、贸于一身的经济实体，1992 年建立。除直接经营全省中小学课本和音像制品外，还下辖 9 家专业出版社（人民、教育、文艺、美术、科技、齐鲁、画报、明天、友谊）、5 家印刷厂、1 家印刷物资公司、1 家中图公司、1 家外贸公司、全省新华书店和外文书店系统等 28 个单位，共有职工 1.4 万人。山东科技社 1978 年建立，现有职工 88 人，其中编辑人员 53 人。山东教育社 1982 年建立，现有职工 63 人，其中编辑人员 37 人。

（二）"八五"期间图书出版情况

几家出版社在出书品种上均已形成一定规模，图书再版率较高，图书获省以上奖励的比例在全国同类出版社中处于较高水平，双效益图书也较多。

"八五"期间的 1991 ～ 1994 年，河北局直属的 6 家出版社共出书 6989 种，其中新版书 4385 种，再版书 2604 种，再版率为 37%。列入国家"八五"计划的图书有 9 种，实际完成 8 种。它们是：《纬书集成》《明清小说辞典》《侵华日军暴行实录》《中国教育事典》《中华文明史》《文艺新资料丛书》《中国民间文化丛书》《话说世界 5000 年》。4 年中，共有 398 种图书获省以上奖励。

河北教育社为新闻出版署良好出版社。1994 年出书 790 种，其中新版书 173 种，再版书 617 种，有 29 种图书获省以上奖励。历年所出的图书中，《中国玉器全集》获国家图书奖，并被台湾购买版权；《中华文明史》（10 卷）获"五个一工程"奖，印行 1 万套；《中国漫画书系》（18 卷）获国家图书奖提名、中国图书奖，双效益均很好。其他如《三味漫画屋丛书》《世界漫画书系》《红罂粟丛书》《蓝袜子丛书》《金蜘蛛丛书》《历代笔记小说》（定价 8000 元，印 600 套，但 300 套可保本）和《全元曲》等精品书，也都有较好的双效益。

河北科技社也是新闻出版署良好出版社。1994 年出书 221 种，有 16 种图书获省以上奖励。历年所出图书中，《蔬菜栽培技术》获中国图书奖，《医学衷中参西录》获全国优秀科技图书二等奖，均有较好的双效益；《小百灵看图认字》（18 本，属玩具书，总定价 76 元，发行 6 万套）则因创意好，取得了很好的经济效益。

山东总社（集团）年出书 1300 ～ 1500 种，再版书比例逐年增大。历年来，外卖版权的图书约 200 种，外销图书 200 多万册。列入国家"八五"计划的图书共有 30 种。它们是：《中华魂》《山东通史》《科学技术是第一生产力》《毛泽东思想研究》《中国文化精华文库》《毛泽东思想概论》《山东地方戏曲音乐研究》《中国近代爱国主义》《中国民间美术全集》《中国小学各科教育史》《20 世纪教育回顾与前瞻》《科学技术前沿系列》《二十五史专书辞典》《中国文言小说史》《全明散典》《吕徵佛学文集》《中国封建社会经济史》《齐文化》《中国美术史》《中国图案大系》《设计家》《华侨、华人、侨务大辞典》《世界儿童文学名著大画库》《少年哲学向导》《中国历史知识画库》《中国地学大事典》《泌尿外科》《中国大洪水研究》《中国蝗文化研究》和《大型系列农业科普挂图》。

山东科技社为新闻出版署优秀出版社。年出书 200 种左右。近年出版的书中《泌尿外科》获国家图书奖，双效益较好。其他如《误诊学》《血型和性格》《禁果》《中华艺术精品 100》（10 卷）《实用国产、进口摩托车大全》《实用电机修理手册》《原子图谱》等，因贴近市场，销量都很大。

山东教育社是新闻出版署优秀出版社。1995 年出书 849 种，其中新书 60 多种，其余为再版书。历年所出图书中获省级以上奖励的共 300 多种，对外合作图书 50 多种。其中，与友谊社联合出版的《中国民间美术全集》（14 卷）获"五个一工程"奖,《中国教育通史》（6 卷）《外国教育通史》（6 卷）《中国美术通史》《王力文集》均获国家图书奖提名,《中国文化史知识》（丛书）获中国图书一等奖,《小学数学题解辞典》获第七届全国优秀畅销书奖。这些图书均有较好的双效益。

（三）经济状况

几家出版社除注重重点图书外，都特别重视双效益图书的出版，经济效益都比较好。其中，两家教育社和山东总社，因为手里有中小学课本和教辅材料这两张王牌，经济基础雄厚，敢于大投入、大产出，形成了良性循环，经济效益在全国同类出版社中居于领先地位。

河北局及所属单位的固定资产值为 2.4 亿元。1995 年，省书店调拨码洋 6.5 亿元，基层书店销售码洋 8 亿元，前 3 个季度共创利润 7000 万元。

河北教育社 1995 年销售码洋 2 亿元，创利润 1640 万元。因为经济效益好，职工福利也相应较好。比如具有中级职称的职工，均住上了"2+1"的住房，其中的二居室约 90 平方米。

河北科技社 1985 年建立时只有 20 多万元启动资金，1993 年以前的年利润都在 50 万元以内。1993 年进行大刀阔斧的改革，

1994 年利润即达到 88 万元，1995 年利润达到 135 万元，经济实力上升到全国地方科技社的中等水平。

山东总社（集团）1992 年建立时的固定资产为 2.5 亿元，现在已达到 7.5 亿元。总社（集团）的利润，1993 年为 8200 万元，1994 年为 9200 万元，1995 年为 1.33 亿元。总社本身（不含下辖单位）1995 年的利润是 3900 万元。总社的办公条件、职工福利，均在全国同类出版社中名列前茅。总社办公楼又称智能办公楼，实行宾馆化、计算机化管理，比较豪华。总社系统具有中级职称的职工，月收入在 1500 元以上；职工住房面积，科级的 70 ～ 80 平方米，处级的 100 ～ 130 平方米，总社领导比一般处级的约高出 10 平方米左右。

山东科技社 1995 年利润为 400 多万元，有自己的办公楼、宿舍楼。

山东教育社 1995 年利润为 2300 万元。有一个 4000 平方米的办公楼，两个共 8000 平方米的宿舍楼，并拟建自己的职工健身房和舞厅。

二、管理体制

几家出版社都有一个团结战斗的、开放型的领导班子，都有一套设置合理、职责分明的业务和职能机构，都有一套较为详尽、能严格遵守的规章制度，形成了指挥有效、运转有序、奖罚分明的管理体制。

（一）机构设置

几家出版社的业务机构的职责多很单纯，但其职能部门的职责多比较宽，如办公室一般均包含党、政、工、群、行政职能。

河北局作为行政、事业合一的机构，设有图书管理、出版、发行、市场、办公等处室。

河北教育社下设 7 个编辑室，6 个职能科室。内部实行一社两制，两个编辑室专出教辅材料，其他 5 个编辑室出其他图书。

河北科技社比较特殊，下设策划、编辑、经营、发行 4 部，由社领导兼任部主任；部下各设若干科室。其中策划部 5 人，由社长兼任主任，专管全社选题的策划，也可根据需要参加编辑工作；编辑部下设文字（含校对）、美术、审读等科室；经营部下设出版、财务等科室；发行部下设一科、二科、综合科。

山东总社作为企业集团的核心，除设有 2 个编辑部外，还设有总编室、信息中心、多种经营部、外贸部、办公室、群工部等。

山东科技社下辖 4 个编辑室和若干个职能科室。

山东教育社下辖 5 个编辑室和若干个职能科室，另有一个山东教育书店。

（二）人事管理

几家出版社均实行社长负责制，社长总揽全局，主抓大事；

副总编、副社长各守一方，分管日常工作；对部室以下的职工均实行聘任、聘用制。发行人员和行政后勤人员中，有不少是临时工。各科室及个人不承担经济指标，而是依靠目标管理和严格的奖惩调动积极性。

河北局对下属出版社社长实行聘任制，副职则由社长提名，局里考察，社长聘任。河北局及各家出版社均注意一手把好进入关口，一手抓好现有人才培训，努力提高职工素质。

河北教育社注重职工的思想、业务学习，通过自办培训班、鼓励编辑著书立说、鼓励编辑参加社外各种学术讨论会等措施提高编辑素质；通过编辑工作的量化管理和奖惩，增加职工的能动性和忧患意识。

河北科技社把获大奖、创大利、出精品作为对职工的根本要求，努力提高发行人员素质，同时抽调骨干编辑充实发行队伍，福利政策向发行人员倾斜。

山东总社的领导班子指导思想明确，强调为下级单位及本省经济、文化建设服务。总社各部室及下辖各出版社的队伍比较整齐，建立了比较好的出好书、出人才机制。

山东科技社实行全员岗位聘用制。社级副职两年一个任期，能上能下。对发行人员则面向社会公开招聘。该社的传达室、招待所、食堂、司机班均采用临时工。

山东教育社实行全员承包、部主任聘任制，对编辑人员则不搞聘用制，而是由社里统一安排。其发行部门共有 40 多人，其中临时工约占 30 多人，既节省了开支，又保证了发行能力。

（三）图书质量管理

几家出版社均注意掌握好出书规模与图书质量的关系，把出好书、拿大奖作为奋斗目标，同时注意出好双效益图书。图书质量管理一般都有措施，有检查，有奖惩。

河北局 1995 年提出了"创特色、创名牌、创效益"的口号。局里制订有《图书出版选题管理办法》《审读管理办法》《编校质量管理办法》《关于三审制的规定》《重点图书管理办法》等十几个质量管理文件，控制图书品种，健全三审制，从选题、图书内容、编校三方面进行质量控制。局里的图书管理处还用很大精力从事编校质量检查和评奖。下属各社均设有审读机构，进行付印前的质量检查；局里每月对所出图书进行一次抽样检查，每年进行一次重点检查，对编校质量不合格的图书均点名（书名）批评。对获奖图书，则进行重奖，以此激励编校人员重视图书质量。如对获得"五个一工程"奖的图书，省里一次性奖励出版社 50 万元；对获得国家图书奖、中国图书奖的图书，省里给予责任编辑晋升两级工资的奖励。

河北教育社强调对图书内容、编校、印制均要有精益求精的精品意识。他们把目光瞄准高层次和外向型图书，出了不少精品，赢得了作者和读者的双重青睐。社内编有一本《编辑参考》（小册子），对易错的字、成语、规范、符号等有统一规定。该社对编校人员均有具体的质量考核指标。

河北科技社注重对编校人员的培训和测验。他们也把易错的字列成一个表格，交付编校人员执行。为减少编校过程中的差错，他们正考虑给每个编辑配备一台微机，看样、校对一起进行。

山东总社对图书生产的各个环节都进行质量检测。他们出的中小学教材，印制质量连续 8 年名列全国第一。总社总编室下设审读科，每年组织一次大规模的图书审读检查。总社对图书质量有 3 条奖惩措施：对优秀双效图书给予选题奖，奖金 70 万元；对优秀编辑给予"金星编辑奖"，奖金 2 万元，并晋升一级工资；对量化考核不合格的图书实行一票否决制，两次不合格的图书通报批评。

山东科技社按品种、质量、字数、利润、是否好书 5 项指标对编辑进行考核。对获得国家级一、二、三等奖的图书，分别给予 3000 元、1500 元、800 元的奖励。对图书质量检查中发现的错误，技术性错误，错一处扣责任编辑 5 元；政治性错误，其罚款的 60% 由三审支付，40% 由二审支付。两次检查不合格的图书，其责任编辑 2 年内不予晋升工资。

山东教育社按图书的类型和质量对编辑进行考核。对于质量检查不合格的图书处以责任编辑 700 元罚款；对报废的图书（差错率万分之三以上）处以 2000 元罚款。

三、生产经营机制

几家出版社的生产经营机制不尽相同，各有千秋。

（一）图书生产机制

图书生产包括选题策划与确定、编辑加工与审稿、设计、校对、印刷等环节。

河北局将图书分成重点书和一般书 2 类。重点书又分成国家级重点、局级重点、社级重点 3 档。重点图书选题是经过多层次、多方面论证出来的，需要填写专门申报表，严格报批。局里订有《重点图书出版基金管理办法》。1995 年拿出 400 万元用于重点图书的补贴；并将上交的两税返还各出版社，建立图书专项基金；此外局里还准备设立科技图书出版基金。这些措施对调动出版社出版重点图书、精品书的积极性起了较大作用。他们重视健全三审制度，要求各级审稿人都要填写详细的审稿意见。

河北教育社大力提倡出版优秀书、获奖书、畅销书和外向型图书。近年来压缩了 100 多种双效益不明显的图书选题。社长亲自策划选题。为保证质量，编辑年发稿定额为 60 万字；超出定量的，责任编辑有权将编辑、校对、排版一并交社外承包，开付外编费；对外包稿件，责任编辑要进行质量检查，其工作量按字数的 1/3 计算。

河北科技社设有选题策划部，使选题工作由自然采集型转向策划种植型。编辑部编辑提出的选题，则须交策划部论证。该社特别注意优化选题，把获大奖、创大利作为确定选题的宗旨，1996 年拟只上选题 44 种。策划部与编辑部的工作量各有统计，并能互相换算。

山东总社对图书选题实行编辑室、专业出版社、总社三级论证。他们将重点图书分成国家级重点、总社重点、专业社重点、编辑室重点 4 档，实行分层管理。对列入前 2 档的重点书，总社负责给予人力、资金、材料、印刷等保障。为鼓励出好书，总社设立了"台商科技出版基金""中小学教师出版基金"和"少儿文学创作出版奖励基金"。总社及下辖各社的图书生产一般均在集团内部进行，各专业社一般不考虑校对和印制问题，校对均设在印刷厂。一般 200 万字以下的图书，一至两个月即可印出来。

山东科技社在开拓选题思路方面有 3 条独特的举措。一是全员组稿，即离退人员、发行人员都可组稿。非编辑人员组稿后一般不负责加工、不署名，但参加奖金分配。另一个办法是通过报刊媒介向社会有偿征稿。征集的选题成书后获得国家图书奖等大奖的，奖给推荐者 3000 ～ 10000 元。第三个办法是对有些选题进行社会（主要是书店）论证。

山东教育社将选题划分为学术专著、教辅材料、一般双效书 3 类，他们对于像《王力文集》这样的一流学术专著，赔钱也愿意上，认为出版此类专著可以形成文化积累；况且，只要作者选得好，质量确实高，就会赢得读者和市场，第一次赔钱，可寄希望于再印。他们每月召开一次编、印、发协调座谈会，当场解决生产问题。

（二）图书发行机制

各家出版社都十分重视发行工作，虽招数不同，但都有自己比较强劲的发行队伍。

河北局对主渠道很重视，局里发行处就是抓主渠道的，主要发本版重点图书；另有一个市场处，主抓市场经销。局里对所属书店，一是实行经理任期责任制，具体做法是对书店实行租赁承包或职工入股、国有民营；二是试行代理制，或总代理，或区域代理。

河北教育社在发行工作中强调要有仓储意识，认为适量的库存不等于积压。他们将销售码洋与库存码洋的比例控制在 2.5：1 左右。

河北科技社认为选题是基础，经营是保证，发行是龙头。他们采取了以下加强发行的措施：①从观念上改变对发行的认识，对发行人员采取倾斜政策。②提高发行人员素质，将一些骨干编辑充实到发行部。③发行部作为独立的法人，下设 3 个科室，订货与发货分别由不同科室进行，实行专业化分工、整体经营。④领导带队，跑遍全国 28 个省、市、区，与 500 多家书店建立了业务联系。⑤对大型订货会，做到有目标、有要求、有安排、有措施。⑥进行发行策划。如 1995 年把推出《中国消防安全丛书》

《中国乡村医生丛书》作为发行重点，制订发行计划，以重点书带一般书的发行。⑦加强内部管理，规范自办发行。自办发行主要针对新华书店。1995 年发行总码洋 2000 万元，其中自办发行占 80%。⑧图书实行高定价模式，刺激书店的销售积极性。

山东总社的发行主要是通过自己下属的书店，渠道比较畅通。书店不光卖本版书，不搞地方主义。总社规定下辖专业书店发行折扣一律为 6.5 ～ 6.7 折。为加大发行力度，总社下还成立了专门的发行集团。

山东科技社的社长同时兼总社分管全省书店的副总编，这在一定程度上缓解了科技图书发行难的问题。他们在不同时期采取不同的发行政策和措施，每年都有一个新点子。他们与书店关系密切，对销售本版书码洋大的书店有奖励措施。发行部人员大多采取走出去的工作方式，跑订货会、跑基层书店，每人每年约有 1/3 的时间跑外销。他们的自办发行数约占总数的 1/3。社里给予发行部门奖励时，综合考虑各方面的情况，不光看码洋，避免了发行过程中挑肥拣瘦的现象。编辑部给发行部的折扣一律为 6.5 折，避免了内部折扣战。

山东教育社除主渠道发行外，还通过自己的教育书店与全国各地的教育书店以交换码洋的形式联销。该社对县级店实行寄销制，对地市店实行经销制，发行折扣约相差 3 ～ 5 个。

（三）经营方略

几家出版社的编、印、发、供多由各部门分工负责，各司其职；资金、材料则实行社内统一管理。

河北局狠抓生产型向生产经营型的转变，把一个中心（出好书、出精品）两个效益作为自己的经营方针，鼓励下属专业出版社自主经营。

河北教育社在经营策略上实现了两个转变（即由小教育观念向大教育观念的转变，由无序状选题向有序状选题转变）、四个意识（即精品意识、版图意识、仓储意识、市场意识）。他们花大力气压缩品种、优化选题，开展发行促销活动，增收节支、增加积累，积极参加社会捐款、救灾等社会活动，扩大知名度。

河北科技社在对自己的发展阶段、出书规模与特色、市场定位进行总体设计后，提出了整体化经营的机制。其整体化经营的核心是强化内部管理，做到科室有职责，个人有定量，不同工种的定量可互相换算，根据完成定量的情况分别严格奖惩。该社特别重视对外宣传，认为这是不花钱的广告。针对自身家底不厚的特点，他们这几年一直实行负债经营，发行上则以自办发行为主。

山东总社在集团内实行编、印、发、供、贸一体化经营。总社对下辖的出版社和印刷、发行、物资等单位实行目标管理，并引导它们把自己办成小集团，形成规模优势和竞争优势。为保证下辖各社实现管理目标，总社采取了10项保障措施：①负责对印厂进行技术改造，保证印制水平。②物资公司保持纸张库存量在 1 万吨左右，品种齐全，保证造货需求。③对专业社进行后勤保障。④对影响图书生产的各环节进行检测，保证质量。⑤协调对外关系，维护对外形象。⑥进行资金调度，照顾出版社、物资公司、书店各方面的利益。⑦保证集团内职工的收入和福利。⑧指导书店发行，保证主渠道畅通。⑨设立了三项出版基金，保证科技专著、教育论著、少儿文学作品等图书的顺利出版。⑩统一货款，保障生产资金，使二级单位能放心地投入。

山东科技社的经营策略是两头向外，即选题、发行都面向市场。

山东教育社的经营方针是强调两个转移，一是由应试教育向素质教育的转移，二是由品种数量型向优质高效型转移。

这两个社的经营方式都带有集团内部的共性。

* * * * * * *

学习、考察归来，大家感触颇多。

从上述几家出版社那里，我们看到了自己的差距，而且这个差距还很大。人家是在求发展，而我们是在求生存。人家在有了一定的经济基础之后，想干一番事业；我们既要加固自己的基础，又要光大自己的事业。

我们也有我们的优势。我们有条件、有能力缩小差距，赶上和超过别人。但要缩小差距，就要转变观念。是高层次经营，还是低层次经营？是大投入大产出，还是小打小闹？是高瞻远瞩，立足长期发展，还是维持现状，小步前进？

要发展就要有魄力，下大决心，动大手术，理顺体制，订立规矩，严格管理，赏罚分明。这是发展我们事业的基本保证。

我们深信，只要全社上下勠力同心，我们的事业就一定能兴旺发达！中国大百科全书出版社就一定能屹立于中国与世界一流出版社之林！

——原载《探讨》1996 年第 2 期

电子辞典类产品调研报告

一、调查范围

1. 销售、服务单位。包括：大通实业有限公司电子辞典专营店（"莱思康""好易通"总经销商，同时经销其他各种电子辞典），权智集团"快译通"服务中心，北京四通技术开发中心（"名人"总代理商），中关村电子辞典商店，以及城乡贸易中心等兼销电子辞典的商场。

2. 科研单位。包括：中科院计算机研究所（"863"计划中智能翻译和电子语音项目的主要研究单位），中国空间公司明辉电子有限公司（电子贺卡及芯片的研制单位），王氏港建集团（电子芯片及写入设备供应商），电子部北京信息研究所（正宗的电子部信息研究所在重庆，未能与之联系）。

"863"计划中，智能翻译项目和电子语音项目的负责人分别为陈兆雄博士和张世平博士。这次我们找到了陈兆雄博士的助手仰礼友博士和另外两位博士，向他们请教了不少问题。

3. 科研刊物。包括：电子部中国电子报社主办的《电子设计技术（*EDN China*）》近期月刊，中国电子进出口总公司、中科院电子研究所等单位主办的《电子工程专辑（中国版）》近期月刊。

4. "生产"单位。包括：北京金远见电脑技术有限公司，北京卡西欧电子公司。（调查发现，以上公司并不是真正的电子辞典生产单位）

5. 有关出版单位。包括：人民出版社，电子工业出版社，机械工业出版社，北京大学出版社。（调查得知，目前，大陆只有人民出版社一家参与了电子辞典的开发）

6. 用户：主要是购置了电子辞典的五六位朋友。

二、现有品牌及其功能

电子辞典类产品问世于 20 世纪 80 年代末，最初由日本研制生产。不久，台湾、香港地区开始引进技术和设备，组织生产。90 年代初，该类产品进入祖国大陆。一开始，由于翻译和语音功能不佳，销售情况不好。前两年，港、台制造商购买了国家"863"计划中的智能翻译和电子语音技术成果，改善了该类产品的翻译和发音功能，开发了新的型号，销售量增长较快。各厂家的产品在功能上或繁或简，各有侧重；名称也不尽一致，多数称电子辞典，也有称电脑辞典、电子词典、电子字典、智能翻译机、电脑记事簿、电子秘书、电脑总理的。

就其内容而言，有的以辞典为主，有的则以计算、记事或消遣为主;就其设计与制造过程而言，它们大同小异，属于一类产品。

1. 品牌。业已上市的电子辞典类产品主要有以下 10 个品牌。

品牌	特色	商标拥有者和制造商	在大陆的生产、销售或代理机构
莱思康	辞典功能全词汇量大	（台湾）艾思得股份有限公司	大通实业有限公司电子分公司（总经销）
快译通	翻译功能好输入方法多	（香港）权智集团	广东东莞长安权智电子厂；北京、上海、广州、武汉、成都、沈阳、西安等地"快译通"服务中心
好易通（无敌）	语音功能好	（台湾）好易通公司	大通实业有限公司电子分公司（总经销）；北京、上海、武汉、郑州、沈阳等地服务中心
名人	记事、信息处理功能好	名人精工株式会社（香港）有限公司	北京四通技术开发中心（总代理）
小秘书	检索功能好	（香港）福兰德公司	
文曲星	卡片式	（台湾）远见科技股份有限公司	北京金远见电脑技术有限公司；中国航天工业供销总公司、北京力达信息技术研究所、联想集团终端事业部等（特约代理）
众志达	掌上型	（香港）众志达公司	山东济南浪涛集团众志电子有限公司
伟易达		（香港）伟易达公司	
电译通		（香港）利创公司	
卡西欧		（日本）卡西欧公司	北京卡西欧电子公司

以上品牌中，前 4 个品牌功能、质量较好，销量较大。

2. 型号。先后问世的电子辞典类产品的型号共有 70 ～ 80 个左右。其中，莱思康、快译通两个品牌共有 40 ～ 50 个型号。10 个品牌中，功能较好、尚在销售的型号约有 20 多个。

3. 功能。归纳起来，电子辞典类产品的功能主要包括以下 7 个方面。

①辞典功能。包括：英汉词典、汉英词典、英英词典（英语词典）、国语词典（汉语词典）、成语词典、谚语词典、同音字典、同义词典、反义词典，以及中文字库、中英文句库、分类词汇等。内存辞典最多的是莱思康 LC-600A 型，它有 7 种辞典，内含 29 万英文单词、3.8 万中文字词。内存较小的文曲星 CC-100 型，只存有 1.2 万个英文单词。

②翻译功能。这类功能不是独立的，而是与辞典功能联系在一起的。包括：英汉词语互译、英汉句子互译、其他语种语句间的互译等。翻译功能好的如快译通 EB8000H 型,能进行 8 国会话，即在输入英文（或中文）句子后，显示出相应的中文（或英文）、日文、法文、德文、荷兰文、西班牙文、意大利文句子。

③语音功能。这类功能也不是独立的，而是与辞典功能和翻译功能联系在一起的。语音功能好的好易通，除能机器发声外，还能模拟真人发声；快译通则能发出国语、粤语、英语、日语 4 种语音。

④计算功能（相当于计算器）。包括：算术运算、函数运算、公式运算、记账、利息计算、税率计算、汇率换算、进位换算、单位换算等。

⑤记事功能（相当于记事本和记录本）。包括：个人资料、名片、电话、地址、纪念日期、备忘记事、约会提醒，以及日常记事、会议速记等。

⑥资料功能（相当于小型图书馆）。包括：朝代年代、不同时区时间对照、历法对照、诗词、语录、演讲、旅游指南、健康常识、生活常识、文学名著、小型百科辞典等。

⑦游戏功能。包括：扑克、麻将、俄罗斯方块、谜语、笑话等。

4. 操作与使用。

①操作前通常要进行系统设定，包括日期和时间设定、闹钟设定、击键声设定、密码设定、认字设定、语音调谐、屏幕亮度设定等，使机器系统的状态符合使用者的需要。

②输入方法。通常采用中文和英文两种语言以敲击键盘的方式输入。高级的电子辞典如快译通 EB8000H，可采用手写方式输入。中文键盘输入则又有汉语拼音、国语拼音、笔画等方法。如快译通 PDA800 型有国语拼音、粤语拼音、罗马拼音（汉语普通话拼音）、仓颉、简易、部首、总笔画、五笔字等 8 种中文输入法。

③输出方法。通常由屏幕输出，多数产品还能输出语音。有的电子辞典如名人 IQ-1997 可以红外线转输射出信号至相应的接收设备。有的电子辞典如名人 IQ-555 等能接驳计算机，相互传输

信息。

④由于内存芯片容量有限，现已开发出插卡（IC 卡）式电子辞典，如快译通 EB8000H 型等。用户可根据需要购置相应内容的 IC 卡，以补内存之不足。

三、设计与制造技术

电子辞典类产品由硬件和软件两部分构成。

硬件主要包括芯片（包括中央处理单元、解压缩及控制单元、存储单元等若干个芯片）、印刷电路板、按键及输入系统、显示器、语音部件、壳体等。插卡式电子辞典还包括 IC 卡及接口。

软件主要包括基本信息软件、基本计算功能软件、翻译软件、语音软件、管理软件等。

电子辞典类产品的设计与制造过程是：

编纂辞典文本→软件设计→写入芯片→芯片与印刷电路板焊接／其他硬件生产→组装。

以上过程中，辞典文本的编纂由出版社来完成。现有电子辞典类产品的文本多由香港商务印书馆、中华书局、万里机构等港、台出版机构提供。大陆的出版社完全有能力提供用户需要的各种文本。

软件设计开发由计算机软件设计人员完成。现有电子辞典类产品的软件多由制造商就地组织设计人员设计。大陆在软件设计方面人才济济。经向中科院计算机所了解，若委托他们那里的软件设计人员设计，一个设计高手 3 个月内即可设计出一套辞典文本的软件，费用在 10 万元以内；若自己聘用一位软件设计人员，月薪当在万元以上。又向本社的一位计算机工程师了解，若具备一定的条件，我社自己就可完成软件设计。

将编好的软件写入芯片也不复杂。若少量生产，一台计算机加一台写入机即可完成写入工作。一台小型写入机的售价在几千元左右。但若大批量生产，得考虑由多台计算机和写入机及辅助设备组成生产线。

芯片与印刷电路板的焊接，理论上也不难，大陆的电子厂可以完成。但实际上，如果是大批量生产，大陆的焊接质量难以保证，这是生产工艺和管理水平的问题。港、台制造商多是从国外引进生产线完成焊接工作的。

芯片与印刷电路板本身需要进口。据《电子设计技术》1995年 12 月号载，华旭金卡公司联合清华大学研制成功了中华 IC 卡，从芯片设计、生产到卡片加工均实现了国产化，但这种 IC 卡的容量只有 1k 位，远不能满足电子辞典的 M 位级需要。

其他硬件如按键、显示器、语音部件、壳体等，可在大陆组织生产。但生产硬件的模具需从国外进口。买一套模具的价格比较昂贵，约几万乃至几十万美元。港、台制造商是从国外引进生产线生产硬件的。

如果单个的硬件质量良好，自己组装就容易做到。

现在上市的各种电子辞典类产品，其主要部件多是在港、台两地通过现代化的生产线生产出来的。少数厂商在广东、山东、北京等地设立的分公司或大陆合资开办的公司，通常只是生产附件，或者仅从事软件设计和销售代理，尚未具备独立的生产能力。例如挂名生产文曲星牌卡片型电子辞典的北京金远见电脑技术有限公司，厂址设在海淀区颐和园北宫门小学内，有 10 多台软件设计工作台，真正的生产则是在台湾进行的。

四、发展动向

电子辞典类产品自 20 世纪 90 年代初进入我国大陆以来，销售量逐年递增。据大通实业有限公司电子辞典专营店统计，1995 年，他们在北京地区售出电子辞典类产品约 3.5 万台。由于各种品牌的功能价格以及各厂商的促销手段高低有别，销量相差很大，有的品牌年销量达到 1 万多台，有的则少有问津。为了扩大销量，几家大的厂商除采取广告攻势外，还陆续在全国各大中城市建立了自己的销售点和售后服务中心，形成了庞大的销售网络。

扩大销量的另一个途径是不断改善产品功能，包括：扩大内存，充实内容，增加功用；增加输入和检索路径；扩大屏幕，改善视觉效果；增加真人发声系统，改善听觉效果；接驳计算机，延伸使用功能；增加插卡（IC 卡），满足不同用户需求；改进造型，力求精美小巧等等。

与大陆有关单位合作，设计制造出适应大陆读者需求的新型产品，也是扩大销量的一个途径。众志达、文曲星等的制造商均宣布欢迎客户订做他们的电子辞典。不久前，人民出版社即向北京金远见电脑技术有限公司订做了 20 万台"《邓小平文选》第三卷卡片型电子版专辑"，该专辑以文曲星 IC-100 型为基础，将原有 4 个功能中的词典项换成了《邓小平文选》（第三卷）（见附表，本文从略）。

五、我社生产电子辞典的可行性分析

1. 我觉得，我社开发生产电子辞典主要有以下 3 种方式：①全过程的开发生产。即自己设计文本、设计软件、生产硬件、组装、销售。这种方式的好处是可以打出自己的品牌，很快形成自己的产业，缺点是起点高，投入大，风险也大。②与有关单位合作，部分参与生产过程。即自己设计文本和软件，自己组装和销售，甚或自己生产某些硬件，力争打出自己的品牌。这种方式的好处是风险较小，但在办厂和销售方面难度也不小。③不参与生产过程，只向有关生产商提供辞典文本。这种方式的好处是没有什么风险，缺点是只能获得有限的版税，没有什么长远的利益。

2. 我觉得上述第二种方式比较切合实际。按第二种方式开发生产电子辞典可以有两个途径：①与现有的制造商洽谈合作。②向国家有关部门申请立项，立项后由国内有关部门和单位分工协作，联合开发生产。国家"863"计划中的两个重要成果，我们自己没有使用，而是卖给了港台商人，这本身已让人惋惜。中科院计算机所陈兆雄博士的智能翻译技术，转让费为70万美元，外加10%的销售利润提成，看似不菲，但陈博士自有苦衷。如果他当时能够自己组织生产电子辞典，他是不会转让这项成果的。事实上，陈博士现已成立公司，开始组织生产。但靠他们一家的力量独立地生产出电子辞典，还得假以时日。

3.我认为，现有的电子辞典至少存在以下几个缺陷：

①汉字以繁体显示，不适合大陆用户，也不符合国家语委的规定。②因为是兼顾港台和大陆用户的，内容过于繁杂，有些内容如"标会管理"等对大陆用户没有用处，徒增了产品的成本和定价。③有些内容如百花语录、文王神卦、算命、圣经等，或不健康，或不宜公开传播，不宜于大陆用户。④中文输入方法繁多，如有国语拼音、大陆拼音（汉语普通话拼音）、广东话拼音、总笔画、仓颉法、简易法、部首、五笔等，看似方便用户，实则没有必要。对大陆用户而言，至多只需要汉语拼音、总笔画、部首、五笔4种中文输入方法。而且，现在电子辞典中的大陆拼音（汉语普通话拼音）输入法，分别以space、6、3、4键为一、二、三、四声，既不好记，又与计算机中的无声调输入不一致。⑤使用手册十分烦琐，有的超过一本小型辞典，难为了用户。

如果我们今后生产电子辞典，上述缺陷当能消除。

4.如果我们今后生产电子辞典，可否考虑先编一部类似《杜登词典》的《英汉分类百科辞典》，既可发挥我社的优势，又可弥补现有电子辞典的缺项。此外，我社业已出版的《汉语正音词典》（约 20 万字）、《八体字典》（约 80 万字），尚在编辑的《香港会话手册》（约 13 万字，计划 1996 年 12 月出版）、《中学生达标百科全书》（约 150 万字、3000 条，计划 1997 年 6 月前出版），似可考虑列选。

＊　＊　＊　＊　＊

遵照徐总编的指示，我在王海涛、田野、来启斌、岑红等同志的协助下，用一周左右的时间，对现有电子辞典类产品的品牌与功能、设计与制造技术、发展动向等，作了一些调查，在此基础上形成了一些粗浅的认识。由于过去对这类产品认识和了解得很不够，缺乏这方面的知识，调研工作许是盲人摸象，失之于片面和肤浅，甚至存在不少错误。今呈上此份报告，仅供徐总编参考，并请批评指正。

在这次调研中，我的最大收获是增长了知识。非常赞同徐总编关于大百科出版社要有自己的产业和拳头产品的指导思想，并建议邀请有关科研单位和电子辞典生产企业的专家一起座谈，进一步研究开发生产电子辞典的可行性及开发方式。

专此报告。

——1996 年 4 月 20 日按照徐惟诚总编辑指示所作的调研报告

关于光盘生产线的调查报告

一、目前的光盘市场

就国内市场而言，在售的光盘主要有 CD（CD-DA）、VCD 和以 CD-ROM 为代表的电子出版物（包括 CD-G、photo-CD、CD-I 等）3 类。CD 可在高级音响、CD 唱机、影碟机和多媒体计算机上聆听，VCD 可在影碟机和多媒体计算机上观看，CD-ROM 等只能在多媒体计算机上阅读。

目前，光盘的生产主要是为了满足影碟机和多媒体计算机的需要。

我国影碟机的保有量，1995 年底为 20 万台，1996 年底猛增为 470 万台，1997 年 7 月底为 1000 万台。有关部门测算，到 1997 年底，影碟机保有量将达到 1500 万台。考虑到影碟机生产和销售进程中的诸多不确定因素，影碟机的实际保有量远远超过上述数字，有关人士估计 1997 年底将达到 2500 万台。世界影碟机市场，主要集中在中国。

我国多媒体计算机的保有量，1995 年底仅为 20 万台。有关部门测算，到 1997 年年底，多媒体计算机保有量将跃增到 300 万台。世界多媒体计算机的销售量，1992 年底仅为 12.7 万台，1995 年底为 2090 万台，1996 年年底为 2550 万台。据估计，到 1997 年底，世界销售量将达到 3000 万台，保有量将达到 8000 万台以上。目前，中国多媒体计算机保有量占世界保有量的份额还很低，销售前景十分看好。

按 1997 年年底我国保有 2500 万台影碟机、300 万台多媒体计算机，且每台机器每年需"吃进"10 片光盘测算，目前，我国光盘市场的容量约为 2.8 亿张，其中 CD-ROM 的市场容量约为 1500 万张（按每台多媒体计算机每年吃进 5 张 CD-ROM、5 张其他光盘测算）。

我国光盘的实际生产量，1996 年为 6000 万张，1997 年 1～5 月为 4000 万张，1997 年全年预测为 1 亿张（至 1997 年底，累计生产各种光盘约 1.8 亿张）。1 亿张的年产量与 2.8 亿张的市场容量相比，存在着巨大的缺口。但若考虑到大量走私和盗版光盘的存在，实际缺口则没有这么大。各种光盘中，CD-ROM 的出版始于 1991 年，至 1994 年底累计出版了 100 种，1995 年出版了 100 种，1996 年出版了 200 种，1997 年预计出版 400 种（至 1997 年底，累计出版 CD-ROM 约 800 种）、200 万张。200 万张的年出版量与 1500 万张的市场容量相比，缺口巨大，每台多媒体计算机每年只能吃进 2/3

张 CD-ROM。鉴于今后几年多媒体计算机的销售增长要高于 CD-ROM 的出版增长，故 CD-ROM 的市场缺口尚呈扩大之势。

二、现有生产线及生产能力

根据截至 1997 年 6 月底的资料，目前，我国大陆共有光盘生产线 75 条、100 个生产头（有的生产线为双头）。其中，公开、合法的生产线 27 条，公开但违规的生产线 13 条，已查出的地下生产线 35 条。后 35 条生产线中，拨给北京的 11 条，6 ～ 9 月底又陆续拨出 10 条左右。有关人士估计，地下生产处于边查封、边增加的状态，未查出的地下生产线不少于已查出的地下生产线（约 35 条）。在我国大陆的周边地区，主要针对大陆生产光盘的生产线，香港有 100 多条，澳门有 20 多条。（韩国、日本等地生产线生产的光盘主要供应美、欧等我国大陆以外的市场）综上所述，我国大陆及港、澳地区目前拥有 230 条光盘生产线。

每条光盘生产线的日（24 小时）生产能力，单头的为 0.5 万～ 2.5 万张，双头的为 3 万～ 6 万张。按平均每条生产线的日生产能力为 1.5 万张测算，230 条生产线的日生产能力为 345 万张，年生产能力 12.6 亿张。这个数字大大超过 2.8 亿张的市场容量。

或仅以我国大陆地区已知的 75 条、100 个产头测算，新闻出版署光盘生产基地负责人提出的测算标准是：1 个生产头日生产能力 1 万张，100 个生产头日生产能力 100 万张，年生产能力 3.65

亿张，这个数字也超过 2.8 亿张的市场容量。

实际上，除天宝公司等少数几家光盘生产线外，大部分生产线均开工不足，生产能力过剩。据了解，天宝的生产订单只能维持到 1997 年年底，1998 年将面临开工不足的问题。

1997 年，各种光盘的实际生产量预计为 1 亿张，其 CD-ROM 约占 2%，天宝公司因临近北京这个文化中心，CD-ROM 占的比例较大，约为 8%。

综上所述，到 1997 年年底，各种光盘的市场容量、生产能力与实际生产量之间的比例关系为：2.8 亿张 : 12.6 亿张（或 3.65 亿张）: 1 亿张。这个比例说明 3 个事实：（1）生产能力业已过剩;（2）现有生产线开工不足，实际生产量满足不了市场需求;（3）片源总量不足，片源的竞争是各条生产线竞争的主要目标，也是各条生产线能否生存和发展的关键。

三、片源问题

近几年来，我国已有 VCD、CD 片源大部分已得到开发。已有的影视录像带，包括国产片和进口片，80% 已转制成 VCD；经过反复炒作，新版的 CD 多了无新意，通常一张 CD 中只有一两首新歌，其余皆为老歌的改头换面、重新包装。

接下来的问题是，VCD、CD 的片源只能寄希望于国内影视剧、MTV 等文艺作品的火爆，CD-ROM 的片源只能寄希望于电子出版业的繁荣。

目前，广电部、电子部、文化部已各自建立了光盘生产线，现有的和新增加的 VCD、CD 片源将大部分流入这些厂家。生产更多更好的文艺作品，不是朝夕之功。出版更多的 CD-ROM，市场和电子出版单位都有这个需求，但从近两年的实际出版情况看，似也不能寄予过高希望。在我国南方地区，由于光盘生产线密集，且毗邻港、澳地区，CD-ROM 多就地生产；在上海等华东地区，由于上海已成立一个大型电子生产集团，CD-ROM 的生产也多就地发生；第三个地区也是出版业最发达的北京及周边地区，拥有电子出版权的单位最多，CD-ROM 的出版量最大，但其中的大部分片源已被占有天时的天宝公司包揽，新建立的署光盘生产基地或将后来居上包揽其中的大部分，剩下的片源寥寥无几。

从目前情况看，我社自身由于受到资金和技术的限制，电子出版物出版量不大，片源短期内也难以多起来。

目前，各家生产线都把片源的竞争看作是生存竞争的主要内容，因而都采取一些特殊的手段，争夺片源，争取客户。天宝公司现有五六十名职工，其中就有 30 多位是专门跑关系、找片源的。

综上所述，对于生产企业来说，片源不足是个大问题。

四、建立生产线所需的资金及技术要求

目前，建立一条光盘生产线（单头）的成本约为 1000 万元

人民币，其中生产线本身约 100 万美元，附属设备、周边设备、配备办公设备、备料等约 200 万元人民币。若加上厂房、用电等，一条线的直接投资约为 1200 万元人民币。一般来说，生产线越新，售价越低。

一条生产线通常由注塑机、压盘设备和印刷设备 3 部分组成，其生产能力主要由注塑机的注塑速率决定。旧的生产线的日生产能力只有几千张，新型生产线可达到 2.5 万乃至 3 万张，双头生产线可达到 6 万张（如天宝公司新近从德国进口的双头生产线）。

现有的生产价格，南方一般为 4 ~ 4.5 元 / 张，北方一般为 6 元 / 张；实际生产成本，一般为 1.5 ~ 2.5 元 / 张。按日生产能力为 1 万张且生产任务饱满测算，一条单头生产线年生产 350 万张，总成本为 2 元 / 张，加工收费 4 元 / 张，则利润为 2 元 / 张，年利润为 700 万元，两年可收回投资。有关人士认为，1996 年以前建立的生产线，3 年可以收回投资；1997 年以后建立的，5 年可收回投资。以上是单纯从加工角度考虑的。事实上，有些生产线还兼做营销和电子制作；有些合法的厂家也还有"线外之线"，从事一些高利润产品的生产。

就地下生产线而言，之所以屡禁不绝，主要是因为利润率太高。地下生产线因其特殊的生产和经营方式，成本极低，只有 0.7 元 / 张左右的直接成本，几乎没有什么间接成本，甚至也没有防尘、恒压、恒温、恒湿等保证质量所需的投资。这些生产线每年若生产 350 万张盘片，净利润可达到一千五六百万元。不消说两三年收回投资，一年就可牟取七八百万元的暴利，年利润率约为100%。

光盘生产线的生产特点是不间断生产，生产人员要实行四班三运转或三班倒。按一班需一名技术人员、两名工人计，维持一条生产线需 3 名技术人员、6 名工人共计 11 名生产人员（不算技术员）。按年产量 350 万张约合 350 个品种计，若每个业务员每年能争取到 50 个片源，则需 7 个业务员负责跑片源。设管理、财务、辅助人员为 3～5 人。建立一条生产线共需 21～23 名职工。

就技术人员而言，需同时懂得三方面或至少分别懂得其中一方面知识，即机电一体化、真空镀膜、计算机。就管理人员和业务员而言，主要是具有开拓、争取市场片源的能力。

一条单头生产线约需占地 80～100 平方米的生产空间，加上办公、备料、成品库等附属空间，共需厂房约 200 平方米。

五、我们建立生产线的利弊浅析

有利之处有四：

（1）虽然总的生产能力过剩，但市场缺口特别是 CD-ROM 的缺口巨大且会越来越大，故理论上说，生产需求是有的。

（2）不少权威人士判断，DVD 将在世纪之交取代现在的光盘，故传统光盘的生产前景堪忧；但也有的权威人士则认为：DVD 在今后几年会因不合中国国情而难以发展起来：a.DVD 需要高清晰度的、新制式的发射、接收设备，这需要对现有电视台、电视机进行改制；b. 老百姓手里的电视机、影碟机难以短期更换；c. 现有节目源不符合 DVD 制作需求，即 DVD 只适合具有高保真音响并用电影胶片拍摄的节目。若后一说法成立，现有光盘的生产还将维持相当长的一段时间。

（3）就我社而言，自身的出版资源十分丰富，可开发出相当多的 CD-ROM。

（4）我社的电子出版权和招牌可以吸引一部分单位与我们合作开发、出版和制作光盘。

不利之处有四：

（1）缺少片源特别是 CD、VCD 片源，广电部、文化部光盘生产线的建立加剧了这类片源的紧张程度。

（2）署光盘生产基地的建立和天宝公司的存在减少了我们的天时和地利。

（3）市售的各种 CD-ROM 中，教育、游戏类约占 2/3。目前，电子部会同国家教委，联合联想、长城、太极公司，两家游戏公司，部分高校，共同建立的光盘生产线，将占据一大片教育、游戏类光盘市场。

（4）缺少经营人员特别是能开发市场、争取片源的业务人员。

以上调查情况及分析不尽准确，权供参考。

——1997 年 10 月 20 日按照徐惟诚总编辑指示所作的调查报告

光盘生产线片源问题与对策

对于光盘生产企业来说，片源充足与否关系到生产线的开工能力和企业的生产效益，理当引起决策者的高度重视。对于拟建的百科光盘有限责任公司，我们在解决片源问题上有以下分析及对策。

1. 目前的光盘市场是一个短缺市场。光盘（包括 CD、VCD、CD-ROM 等）的生产主要是为了满足影碟机和多媒体计算机的需要。调查表明，至 1997 年底，我国影碟机的实际保有量已达到 2500 万台，多媒体计算机的保有量已达到 300 万台。按每台机器每年至少吃进 10 张光盘测算，我国光盘市场的容量约为 2.8 亿张以上，其中 CD-ROM 的市场容量约为 1500 万张（按每台计算机每年吃进 5 张 CD-ROM、5 张 CD 和 VCD 测算）。1997 年，我国各类光盘的实际生产量约 1 亿张，其中 CD-ROM 的产量为 400 种、20 万张，仅占各类光盘总量的 2%。1 亿张的年产量与 2.8 亿张的市场容量相比，存在着巨大的需求缺口。其中，CD-ROM200 万张的年出版量与 1500 万张的市场容量相比，缺口更大。鉴于今后几年多媒体计算机的增长速度要高于影碟机增长速度，故 CD-ROM 的市场需求尤其旺盛。

2. 光盘出版行业是一个垄断行业。光盘特别是 CD-ROM 的短缺已引起有关管理部门和出版单位的重视。近几年来，有关单位加大人力和资金投入，积极开发 CD-ROM 品种，CD-ROM 的年出版量呈倍增之势。CD-ROM 的出版量，1991～1994 年总共 100 种，1995 年为 100 种，1996 年为 200 种，1997 年为 400 种。预计今后几年，CD-ROM 的出版量将以更高的速度增长。目前，电子、音像制品限由国家指定的 30 多家电子出版单位和 300 多家音像出版单位出版。因此，片源的总量，实际上最终决定于专有出版单位的出版能力。经过近几年的技术和人才准备，各专有出版单位的出版能力有了明显提高，这为今后一段时期各类光盘的大量出版奠定了基础。据管理部门测算，全国 350 多家电子音像出版单位的年出版能力已达到 3.5 万种、3.5 亿张。如果这个出版能力能够发挥出来，则光盘生产企业的片源将能较 1997 年增 2.5 亿张。

3. 拟建的百科光盘有限责任公司，由中国大百科全书出版社和北京电视台合资联营，双方在开发利用各自光盘资源方面均有明显优势。拟建光盘生产线的年生产能力为 300 万张约合 200 个品种。为使实际开工能力适应于生产能力，拟从以下 7 个方面解决片源问题。

①大百科出版社电子音像编辑部和中大公司 1998 年计划独立出版 CD-ROM20 种（1997 年为 14 种）、20 万张，CD 和 VCD（1998 年增加了音像出版业务）20 种、30 万张。共计独立出版 40 种、50 万张。

②大百科出版社现有 14 个编辑业务部门，1998 年计划开发随书 CD-ROM20 种、约 60 万张。

③大百科出版社与北京电视台、牡丹电子集团合营的北京大百科电子有限公司 1998 年计划开发各种光盘 20 种、20 万张。

④大百科出版社计划与中国音像协会、中国唱片总公司等单位合作，联合开发各种 CD、VCD60 种、120 万张。

⑤大百科出版社计划与有关省市县、有关部委和大型企业合作，帮助它们开发 CD-ROM40 种、约合 20 万张。

⑥大百科出版社与兄弟专有出版单位合作，为它们生产各类光盘 40 种、约合 40 万张。

⑦大百科出版社与北京电视台合作，帮助开发出各种 CD、VCD20 种、30 万张。

以上片源共计 240 种约 340 万张，能够满足百科光盘公司的生产需要。

4. 实际上，百科光盘公司拟采用承包方式经营，根据我们掌握的情况，承包人为完成承包任务，也要带过来一批现成的片源。综上所述，尽管目前的光盘生产企业在片源问题上竞争激烈，但因为光盘市场本身是一个短缺市场，而光盘出版又垄断在专有出版单位手里，故只要善于开发新的品种，善于利用自身和兄弟出版单位的垄断优势，片源问题就会迎刃而解，我们的光盘公司就会立于不败之地。从发展的眼光看，今后几年光盘的需求量会越来越大，片源的竞争最终会演变成质量、价格和服务水平的竞争。新办的生产企业，如果能够认真分析和借鉴现有企业的长处，避开其不足，后来居上的例子（如生产影碟机的"爱多"、"步步高"比之于"万燕"）是并不鲜见的。

因此，我们对建立百科光盘公司的前景充满信心。

——1998 年 3 月按照徐惟诚总编辑指示所作的分析报告

索引

后　记

　　我是学工科出身，对人文社会科学也有些爱好。因此，1983年大学毕业后，就申请分配到听起来综合性较强的中国大百科全书出版社工作了。我在大百科出版社一气工作了近20年，大致可分为三个阶段。

　　第一个阶段是在1983～1995年，主要是编辑百科全书等大型工具书。先后担任《中国大百科全书·机械工程》卷的学科编辑，《中国大百科全书·轻工》卷、《中国家用电器百科全书》、《简明中华百科全书》、《中华传统文化大观》等图书的责任编辑，《中国大百科全书（简明版）》的主任编辑兼责任编辑。通过这一阶段的实践，积累了编纂百科全书的一些经验，形成了一些见解。

　　第二个阶段是在1996～2000年，主要是在总编室做综合业务管理，列席社委会会议，在协助决策、完善规章、强化流程管理和质量管理、宣传企业形象、维护本社权益等方面，做了一些基础性工作。此外，这一时期还做了3个方面的编辑业务工作。

一是策划或组织出版了一批大众图书,主要有《日本经济小说(系列)》《麦肯锡经济管理丛书》《计算机知识与技能丛书》《题海(丛书)》《新编小学生(系列)工具书》《美国最富创造力公司之经营妙计(丛书)》《百万富翁的智慧》《西部指南:12 省部长纵论开发战略》《中小学德育读本(丛书)》《爱护我们的眼睛(丛书)》《学生规范字典》等。二是在惟诚同志和单基夫社长的指导下,涉足电子、音像出版工作,通过对中外电子音像出版行业发展状况的调研,提出了有关可行性报告,组建了本社电子音像部并一度兼任主任,参与筹建了北京大百科电子有限公司和北京大百科光盘有限公司;先后策划并组织出版了《中华百科全书(CD-ROM)》《中国大百科全书(简明版)(CD-ROM)》《步步高多媒体专用系列软件》《长征,不朽的史诗(VCD 及录像带)》《中国上市公司基本分析(CD-ROM)》等一系列电子、音像出版物,还担任了《百年叱咤风云录(VCD)》(30 盘,148 集)等大型电子音像出版物的责任编辑。三是总结从业以来的经验,撰写了一些编辑出版业务论文,提交和整理了一些专题业务报告,参加了全国辞书评奖、期刊评奖、编辑出版培训班授课以及中国辞书学会、全国术语标准化技术委员会辞书专业委员会的一些学术活动。

第三个阶段是在 2001 ～ 2003 年,担任副总编辑,主要是在惟诚同志和田胜立社长的指导下,在强化选题管理、经营管理及绩效考核,尝试社会主义市场经济条件下新的出版模式方面做了一些探索工作。这一阶段的后期,我虽编制在社内,但已抽身社外参与组建中国出版集团，未及对大百科出版社尽到义务，至今尚觉遗憾。

总而言之，我在大百科出版社工作、学习了 20 年，收获很大。在大百科领导和同志们的支持下，我得以将这一时期所发表的论文和有关业务文章结集出版，作为自己一段工作的小结，也作为自己向曾经工作过并且一直热爱的单位的汇报。借此机会，我谨向教育、帮助、支持过我的大百科的全体同志表示深深的谢意！

在大百科出版社，我先后接受过梅益、单基夫、徐惟诚等同志的直接教诲，接受过冯雪明、黄锡桥、金常政、孙志敏、吴希曾、周小平、王积业、田胜立等同志的直接指导，得到过林盛然、黄鸿森、张遵修、张人骏、郑伯麒、左步青等同志的指点，得到过石磊、周志成、赵仲元、刘志荣、王德有、龚莉等同志的支持和帮助，先后与许多同志长期共事、成为朋友并从中受益良多。谨向上述同志及未能列及的所有同志表示感谢！

惟诚同志是大学者，也是我十分尊敬的领导和老师。承蒙惟诚同志拨冗为这本小书作序，谨记勉励之余，不胜荣幸、不胜感谢之至！

幸赖马汝军同志悉心编选，王玉玲、权舆同志热情帮助，以及我的妻子孙雅军的长期支持，使得本书得以顺利出版，一并致谢！